斉藤謠子 & キルトパーティ

私たちが好きなキルト

X-Knowledge

Prologue

千葉の市川ではじめたキルト教室「キルトパーティ」は、
今年で30年を迎えました。

端切れを縫い合わせてできるパッチワークを
これまで続けてこられたのは、
いろいろな色や柄を組み合わせる楽しさを意識してきたからでしょう。

大切なのは、決まった色だけを使ったり、同系色だけでまとめたりせず、
布の色や柄、向きを生かしてさまざまに組み合わせること。

そして、手元に置いて長く使っていきたいから、
仕上がりがきれいなこと。

教室では、たくさんの作品を作ってきた経験から気づいたことを
皆さんに細かく伝えてきました。

ひと針ひと針を手で縫うパッチワークの作品に宿る、
手仕事の時間。
ひとつの作品ができ上がるまでの
ちいさな時間もおおきな時間も
本を手に取ってくださった皆さんが楽しんでくださることを願って。

斉藤謠子
&
キルトパーティ

Contents

Chapter 1 ちいさなコレクション

帽子形ポーチ 8
シューズ形ポーチ 9
ミニバスケットのキーケース 10
ミニチュアソファー 12
ドールキルト 14

Chapter 2 トラッドパターン

アラウンド・ザ・ワールドのキルト 16
玄関マット＆ルームシューズ 19
カフェカーテン 20
バスケットのデイリーバッグ 21
ハウスのタペストリー 22
ハウスの小物入れ＆ポーチ 23
六角つなぎのショルダーバッグ 24
六角つなぎのミニバッグ 25
カフェマット 26
猫のタペストリー＆犬のクッション 27
12カ月のパターンコレクション
ピンクッション 28
携帯ケース 30

撮影／蜂巣文香
作り方イラスト／桜岡千栄子　三島恵子
作り方、型紙トレース／WADE、共同工芸社
編集／鴨田彩子

DTP／ひつじ工房図案室
プリンティングディレクション／山宮伸之
印刷／図書印刷

Chapter 3 花のアップリケ

四季のがま口　32
花のテーブルランナー&マット　34
ブックカバー　36
ペンケース　37
花籠のミニバッグ　38

Chapter 4 季節のタペストリー

フラワーガーデンのタペストリー　40
花のミニタペストリー　41
ヨットのタペストリー　42
海辺のミニタペストリー　43
どんぐりのタペストリー　44
ハロウィンのミニ額　45
聖夜のタペストリー　46
クリスマスのリース飾り　47

クリスマスの手仕事
ツリーのウール巾着　48

作品の作り方　49

作品の実物大型紙　とじ込み付録

Chapter 1
ちいさなコレクション

すこしの端切れを縫い合わせてできる
ミニチュア感覚のちいさな小物たち。
引き出しの中の余り布の出番です。

Hat pouch
帽子形ポーチ

カプリーヌ、ニット帽、キャップをポーチに仕立てました。街で見かけたデザインや雑誌のスナップ…あれこれ思い浮かべて、ボタンや刺繍で装飾しましょう。

How to make=P.52〜55
製作：石田照美

Shoes pouch
シューズ形ポーチ

コレクション感覚で作りたい、手の平サイズのシューズ形ポーチ。シックにカジュアルに、コーディネートに合わせて作れば、可愛らしさもひとしおです。

How to make=P.56
製作：石田照美

Key case
ミニバスケットのキーケース

バスケットは、「キルトパーティ」で人気のモチーフのひとつです。いろんな形を生かして、袋状のキーケースに仕立ててみました。

How to make=P.50
製作：中嶋恵子

Miniature sofa
ミニチュアソファー

人形のソファーにも、ちょっとした小物や携帯のトレー代わりにもなる、ミニチュアソファー。お気に入りの端切れで世界にたったひとつのソファーを作りましょう。

How to make=P.58、60
製作：石田照美

小さくでも細部を本格的にこだわって。
底には、ウッドビーズの足をつけました。

Doll quilt
ドールキルト

ちいさなピースで作るドールキルトは、飾る場所を選びません。コツコツと端切れをつなぐ、そんな手仕事の時間に没頭しましょう。

How to make=P.62
製作：陰 美幸（上） 折見織江（中、下）

Chapter 2
トラッドパターン

暮らしや身近なものが題材の
トラディショナルパターンは、
受け継いでいきたい手仕事の歴史。
自分なりのアレンジも楽しんで。

アラウンド・ザ・ワールド

Traditional quilt
アラウンド・ザ・ワールドのキルト

ラティス(パターンをつなぐブロック)のグレーを基調にして、全体をやさしい色合いでまとめました。モスグリーンやテラコッタが、キルティングの波紋とともにやさしく浮かびあがります。

How to make=P.66
製作:斉藤謠子

memo キルトパーティのパターン ❶

アラウンド・ザ・ワールド

「世界一周」の名前を持ち、四角のピースから成るオーソドックスなパターン。印象的な色（濃色）の配置によってイメージが変わるため、パターンの内側や外側に配して、パターンがつながったときに、動きが出るようにします。パターンをつなぐ布は、主役のパターンの印象を損なわない色を選ぶようにします。

18　P.16と同作品です。

アラウンド・ザ・ワールド

Mat & Room shoes
玄関マット & ルームシューズ

陽だまりのようなあたたかな色合いでまとめました。どこか馴染んだような風合いに仕上がるのは、キルティングならではです。

How to make=P.64、65
製作：折見織江

Column

**斉藤謠子さんと
「アラウンド・ザ・ワールド」**

編み物のモチーフ編みやモザイクタイルのように見えるのがこのパターンの可愛さだと思います。四角の型紙ひとつでパターンが出来上がっていくのも、楽しくて奥深い。私のお気に入りのパターンのひとつです

バスケット

Café Curtain
カフェカーテン

庭の花を飾ったような「フラワーバスケット」をカーテンの縁にあしらいました。季節ごとの花をアップリケして掛けかえても素敵です。

How to make=P.68　製作：河野久美子

---

memo キルトパーティのパターン ❷

バスケット

木目やかごめ柄など網目に見える布を使うと、バスケットらしい雰囲気が出ます。パターンをどの向きで配置するかによって、仕上がりの印象が大きく変わるのも面白い点です。

バスケット

Daily bag
バスケットのデイリーバッグ

普段使いに重宝するのが、すっぽりと物が入る大きめバッグ。暮らしに馴染むアースカラーを取り入れました。

How to make=P.69
製作：河野久美子

ハウス

Tapestry
ハウスのタペストリー

いろいろな街並みを思い浮かべて作ったタペストリー。ボーダーのシルエットの家との対比によって、繊細な色合いが引き立って見えます。

How to make=P.67　製作：河野久美子

---

memo　キルトパーティのパターン ❹

ハウス

壁の布におすすめなのが、木目やレンガの柄です。屋根は同系色にして、壁とメリハリをつけ、小さな窓は無地感覚の布を、ドアにはポイントになる色を使うと表情が出ます。さらに、窓枠を刺しゅうで加えると完成度がアップします。

ハウス

Pouch
ハウスの小物入れ & ポーチ

三角屋根やドーム形、アパートメント…どこかほっとするハウスのモチーフを、小物入れやコインケース、ポーチといった身の回りの小物に仕立てました。色使いで南欧や北欧風になります。

How to make=P.76〜78
製作：河野久美子

ヘキサゴン

Shoulder bag
六角つなぎの
ショルダーバッグ

溶け込ませるようにつないだダークカラーのピースが醸し出す深い陰影が魅力的。セピアカラーの花のアップリケによってさらに奥行きが加わりました。

How to make=P.72　製作：折見織江

ヘキサゴン

Mini bag
六角つなぎのミニバッグ

1辺0.8cmの小さな六角形のピースをつないだフタを
アクセントにしたバッグ。モザイクのような繊細な布
合わせがシック。

How to make＝P.70　製作：折見織江

memo キルトパーティのパターン ❸

ヘキサゴン

花模様に見立てて配色できるなど、アレンジが豊富なパターンです。花の場合、生地の柄や方向を生かすように並べます。花びらに配すストライプやドットは、柄が同じ位置になるように使うと、個性的な花が描けます。

キャット&ドッグ

Table mat
カフェマット

子供に作ってあげるなら、こんな可愛いカフェマットを。食事やおやつの時間が、もっと楽しくなりそうです。フリーキルティングでふっくらと仕上げました。

How to make=P.79　製作：折見織江

memo キルトパーティのパターン ❺

キャット&ドッグ

顔部分は柄が目立たない先染め布や総柄プリントを使うようにしています。胴体の布は顔と同系色にして自然に。耳の形や模様、表情でいろいろアレンジができるので、作るのも楽しいパターンです。

キャット&ドッグ

Tapestry & cushion
猫のタペストリー
　＆犬のクッション

ブロックの中に、猫や犬のモチーフをアップリケ。耳の形や表情を変えるだけで、個性豊かに仕上がるから、最愛のペットをモデルにしてアレンジしてはいかが。

How to make=P.80、81
製作：船本里美

幾何学パターン

Mobile case
携帯ケース

ピーシングしたパターンをアップリケして装飾に使いました。台布は幾何学模様のパターンと相性のよいチェックを選びました。

How to make=P.86〜90
製作：中嶋恵子

Chapter 3
花のアップリケ

日々の暮らしの中に取り入れたい花を
アップリケで描きましょう。
キルティングによって
やさしい息吹が加わります。

Spring

Summer

Autumn

Winter

Coin case
四季のがま口

ミモザ、紫陽花、どんぐり、クリスマスローズ。四季の植物をスケッチするようにアップリケしました。布合わせで繊細な色を表現しています。

How to make=P.91
製作：石田照美

Table runner & mat
花のテーブルランナー
&マット

テーブルに飾るフラワーアレンジメントの代わりに、花のアップリケのテーブルセットを。流れるようにはわせた蔓が、繊細な美しさを引き立てます。

How to make=P.92
製作：中嶋惠子

Book cover
ブックカバー

額縁のように、あるいは壁にはうようにデザインした草花のブックカバー。台布の柄によって、仕上がりの雰囲気が変わって見えます。

How to make=P.93
製作：中嶋恵子

Pencase
ペンケース

ファスナーとボタンで開閉するペンケース2点。
お揃いで同じ花をアップリケしました。

How to make=P.94、95
製作：中嶋恵子

1枚布から作るタイプは、マチがたためます。

Mini bag
花籠のミニバッグ

チェックをバイアスと縦に配して、花籠のようにデザインしたミニバッグ。なだらかにカーブを描く花が優雅な印象です。

How to make=P.73
製作：中嶋恵子

Chapter 4
季節のタペストリー

手作りのタペストリーで楽しむ
お部屋の模様替え。
新しい季節を心待ちにしながら
ひと針ひと針ていねいに。

パターンで綴る季節

春

はる

Tapestry
フラワーガーデンの
タペストリー

How to make=P.97
製作：船本里美

花のブロックとナインパッチを交互に配して、
色とりどりに咲く春の景色を描きました。
カラフルなナインパッチが、
一面に咲く花の情景を思い起こさせます。
ボーダーは、色味を抑えた四角つなぎにして、
花を引き立てました。

Mini tapestry
花のミニタペストリー

How to make=P.96
製作：船本里美

パターンで綴る季節

夏
なつ

Tapestry
ヨットのタペストリー

How to make=P.99
製作：船本里美

ヨットのパターンを
三角形のラティスでつないだタペストリー。
三角形のピースに配した布で、
陽射しを受けて、きらきらと反射する波間を
表現しています。
ヨットのキルティングは
風をイメージして刺しました。

Mini tapestry

海辺のミニタペストリー

How to make=P.98
製作：船本里美

パターンで綴る季節

あき

Tapestry
どんぐりのタペストリー

How to make=P.101
製作:船本里美

3種類のどんぐりのブロックで描く秋の景色。
チェックの布の配し方で変化をつけました。
ボーダーは、ログキャビンで囲み、
ブラウン、カーキ、レンガ色など
紅葉をイメージした色合いでまとめています。

Mini tapestry
ハロウィンのミニ額

How to make=P.100
製作：船本里美

パターンで綴る季節

冬
ふゆ

Tapestry
聖夜のタペストリー

How to make=P.75
製作：船本里美

クリスマスのモチーフを
ピーシングとアップリケのパターンで
デザインしました。
ブロックのベースカラーをグレー系にすることで、
赤と緑のクリスマスカラーを
基調にシンプルな色合いでまとめた
モチーフが引き立って見えます。

Wreath
クリスマスのリース飾り

How to make=P.102
製作：船本里美

クリスマスの手仕事

Wool pouch
ツリーのウール巾着

タペストリーの製作の合間に手作りするなら、見た目にもあたたかなウールの巾着を。クリスマスツリーをアップリケすれば、普段使いはもちろん、くつ下の代わりに枕元にぶら下げて飾っても。

How to make=P.74
製作：船本里美

How to make
作品の作り方

・図中の数字の単位はすべてcm（センチメートル）です。
・布の用尺は布巾×長さで、大きめで表記しています。
・作品の出来上がりは、多少の差が出ます。
・構成図と型紙の寸法は、特に表記のない限り、
　縫い代は含まれていません。
・Sはステッチの略です。
・刺繍の仕方は、P52、80、87、89、93にあります。

ミニバスケットのキーケース　P10

▶実物大型紙はとじ込み付録表 ①

● 材料
（A〜D共通）
・ピーシング、アップリケ（Dはなし）用端切れ各種
・キルト綿、裏打ち布各25×15cm
・1〜1.5cm幅テープ35cm（Dは1.2cm幅テープ15cm）
・0.6cm幅テープ3.5cm
・直径0.8cmスナップボタン1組
・直径2cmミニリールキー1個（Dのみ）
・25番刺繍糸適宜

● 出来上がり寸法　7〜8.5×9〜10.5cm

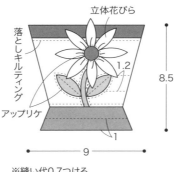

<A>前1枚
（表布、キルト綿、裏打ち布各1枚）

※縫い代0.7つける
※表布に立体花びらをはさみながらアップリケする

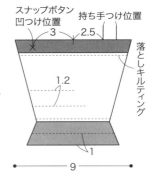

<A>後ろ1枚
（表布、キルト綿、裏打ち布各1枚）

※縫い代0.7つける

立体花びら16枚
※作り方共通

2枚を中表に合わせて縫い、表に返す

8枚を輪に縫いつなぐ

花心を花びらの中央に重ね表布にまつる

〈作り方共通〉
❶ 前、後ろを作る

①キルト綿を重ねた表布と裏打ち布を中表に合わせて縫い、表に返す
②返し口をとじて、キルティング

❷ 前、後ろを縫い合わせる

①前と後ろを中表に合わせて表布同士をすくって両脇を巻きかがる
②後ろの裏にループをつける
③後ろの裏に持ち手をつける

❸ リールをつける

ループにミニリールの丸かんを通す

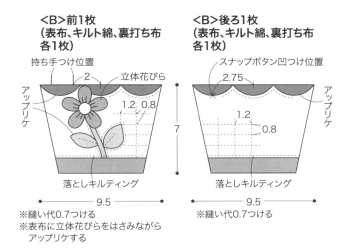

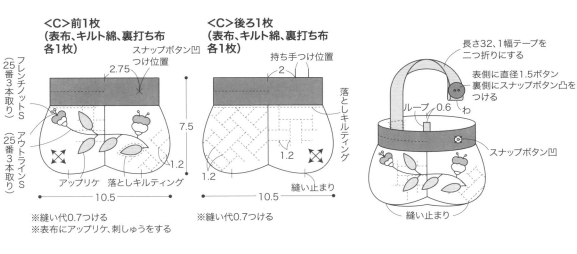
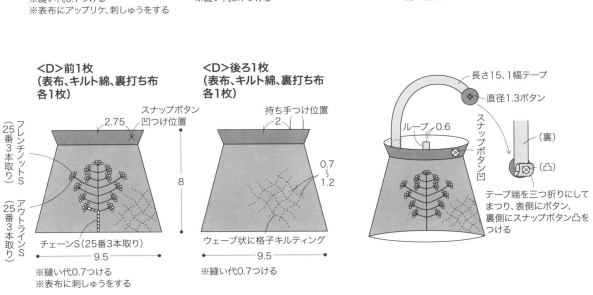

帽子形ポーチ（カプリーヌ） P8

●材料
- 表布（裏布分含む）35×25cm
- 片面接着キルト綿、厚手接着芯 各25×15cm
- 接着芯10×10cm
- 長さ20cmファスナー1本
- 0.7cm幅波形ブレード35cm
- 25番刺繍糸赤、ファスナー飾り用パーツ各適宜

●出来上がり寸法　2.5×直径10cm

トップ1枚（表布、片面接着キルト綿、接着芯、裏布各1枚）

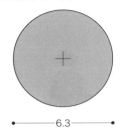

←6.3→
※縫い代0.7つける
※片面接着キルト綿、接着芯は裁ち切り

ブリム1枚（表布、片面接着キルト綿、厚手接着芯、裏布各1枚）

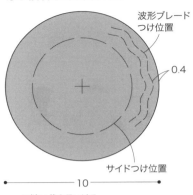

波形ブレードつけ位置
0.4
サイドつけ位置
←10→
※縫い代0.7つける
※片面接着キルト綿、接着芯は裁ち切り

ストレートS

1出 / 2入 / 3出 / 4入

レゼーデージーS
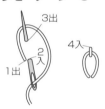
1出 / 2入 / 3出 / 4入

サイド1枚（表布、厚手接着芯、片面接着キルト綿、裏布各1枚）

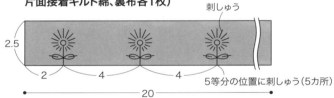

刺しゅう
2.5
2 / 4 / 4
5等分の位置に刺しゅう（5カ所）
←20→

※縫い代0.7つける
※厚手接着芯、片面接着キルト綿は裁ち切り
※4層にしてから、刺しゅうをする

❶ 各パーツを作る

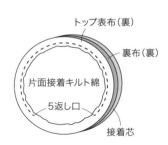

トップ表布（裏）
裏布（裏）
片面接着キルト綿
5返し口
接着芯

サイド表布（裏）　裏布（表）　片面接着キルト綿
厚手接着芯
5返し口

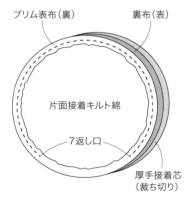

ブリム表布（裏）
裏布（表）
片面接着キルト綿
7返し口
厚手接着芯（裁ち切り）

表布と裏布を中表に合わせて縫い、表に返して、返し口をとじる
サイドは刺しゅうをする

❷ ファスナーをつける

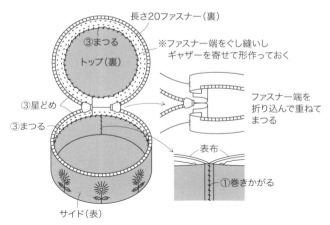

① サイドを中表に合わせて、表布をすくって巻きかがる
② サイドの接ぎ目とファスナー端をそろえて
　ファスナーを内側に重ねる※このとき、トップとサイドの
　表布の口からファスナーの歯が見えるようにする
③ ファスナーを星どめし、まつる

❸ ブリムをつける

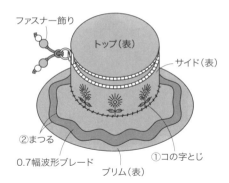

① サイドとブリムを縫い合わせる
② ブリムの周囲に波形ブレードをつける

ファスナー飾り

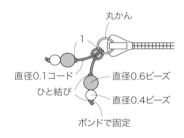

コードを丸かんに通して、1本ずつ結んでから
ビーズを通して結ぶ

刺しゅう図案
※すべて25番2本取り

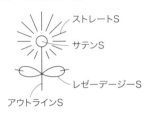

実物大型紙

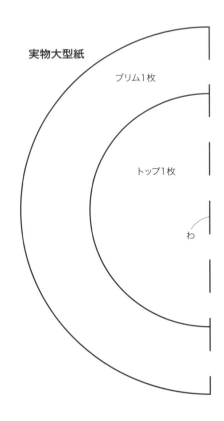

帽子形ポーチ
（ニット帽） P8

▶実物大型紙はとじ込み付録表②

●材料
・アップリケ用ボア15×15cm
・表布（裏布分含む）30×30cm
・片面接着キルト綿30×15cm
・長さ22cmファスナー1本
・直径1〜1.2cmボタン12個
・5番刺繍糸適宜
・25番刺繍糸適宜

●出来上がり寸法　9×11.5cm

前、後ろ各1枚
（表布、片面接着キルト綿、裏布各2枚）

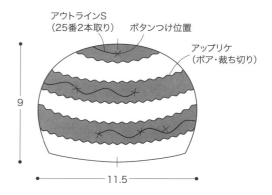

※縫い代0.7つける
※片面接着キルト綿は裁ち切り
※表布にアップリケ、刺しゅうをする

底マチ1枚
（表布、片面接着キルト綿、裏布各1枚）

※縫い代0.7つける
※片面接着キルト綿は裁ち切り

❶ 前と後ろを作る

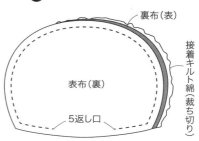

表布と接着キルト綿を貼った裏布を
中表に合わせて縫い、表に返して、返し口をとじる
※底マチも同様に縫う

❷ ファスナーをつける

ファスナーを開き、前、後ろとファスナーの中心を合わせて
ファスナーの歯が表から見えるように裏布側に重ねて
ファスナーをつける

❸ 本体を縫う

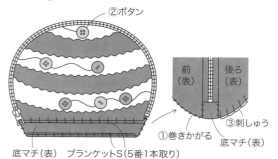

①前、後ろと底マチを外表に合わせて
　表布同士をすくって巻きかがる
②キルト綿まですくってボタンをつける
③底の縫い目に飾りで刺しゅうをする

帽子形ポーチ（キャップ） P8

▶実物大型紙はとじ込み付録表 ③

● 材料
・ピーシング用端切れ2種
・片面接着キルト綿、裏布各30×10cm
・長さ14cmファスナー1本
・2cm幅綿テープ25cm
・直径1.8cmボタン1個
・ファスナー飾り用パーツ適宜

● 出来上がり寸法　7×11.5cm

前、後ろ左右対称各1枚
（表布、片面接着キルト綿、裏布各2枚）

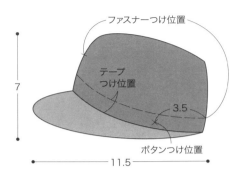

※縫い代0.7つける
※左右対称に各1枚裁つ
※片面接着キルト綿は裁ち切り
※ボタンは前側のみ

ファスナー飾り

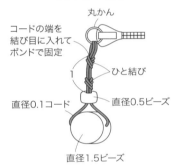

コードをビーズに通して結び
丸カンに通してコード端を
結び目に入れる

❶ 前と後ろを作る

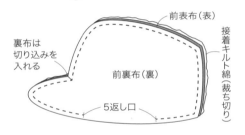

前の表布と裏布を中表に合わせて縫い
表に返して、返し口をとじる
※後ろも同様にする

❷ ファスナーをつける

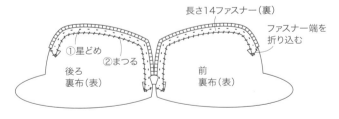

ファスナーを開き、ファスナーの歯がのぞくように
裏布側に重ねて、ファスナーをつける

❸ 本体を縫う

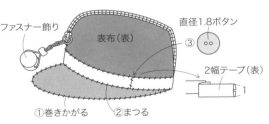

①前と後ろを外表に合わせて、表布同士をすくって
　周囲を巻きかがる
②2幅テープの両端を折り、ぐるりとまつる
③テープの重なりにボタンをつける

シューズ形ポーチ　P9

▶実物大型紙はとじ込み付録表 ④

● 材料

(A)
・アップリケ用端切れ各種
・前、後ろ用表布各10×20cm
・裏打ち布、キルト綿各20×20cm
・長さ12cmファスナー1本
・1cm幅レース5cm
・ファスナー飾り用直径1.3cmビーズ1個
・ファスナー飾り用直径0.1cmワックスコード10cm
・1cm幅タブ用革テープ4cm

(B)
・アップリケ用端切れ各種
・前、後ろ用表布各10×20cm
・裏打ち布、キルト綿各20×20cm
・長さ8cmファスナー1本
・ファスナー飾り用直径0.8cmとんぼ玉1個
・ファスナー飾り用直径0.1cmワックスコード10cm
・25番刺しゅう糸適宜

(C)
・アップリケ用端切れ各種
・前、後ろ用表布各10×15cm
・裏打ち布、キルト綿各20×15cm
・長さ8cmファスナー1本
・ファスナー飾り用1.5cm幅ハート形チャーム1個
・ファスナー飾り用直径0.1cmワックスコード10cm
・25番刺しゅう糸適宜

(D)
・表布、裏打ち布、キルト綿各20×15cm
・長さ8cmファスナー1本
・直径0.1cmワックスコード30cm
・25番刺しゅう糸適宜

● 作り方のポイント
(共通) 本体前と後ろはファスナーをつけてから外表に合わせ、表から巻きかがりして周囲を縫い合わせる。

● 出来上がり寸法
　12～14.4×5.2～6.5cm

前、後ろ左右対称各1枚 (表布、キルト綿、裏打ち布各2枚)

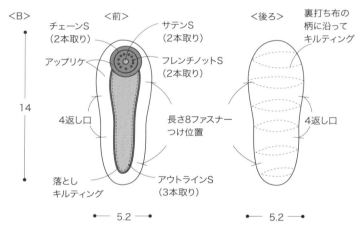

前、後ろ左右対称各1枚 (表布、キルト綿、裏打ち布各2枚)

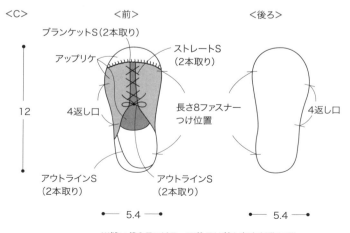

前、後ろ左右対称各1枚(表布、キルト綿、裏打ち布各2枚)

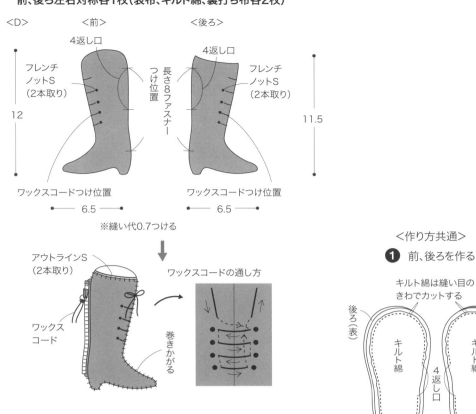

<作り方共通>
❶ 前、後ろを作る

表布と裏打ち布を中表に合わせ
キルト綿を重ねて
返し口を残して周囲を縫う

❷ 表に返してキルティング

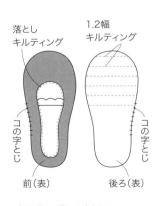

表に返し、返し口をとじて
キルティングする

❸ ファスナーをつける

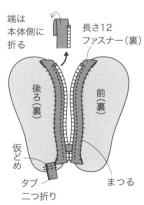

ファスナーの歯が表から
見えるように中表に重ねて
縫いつける

❹ 本体を巻きかがる

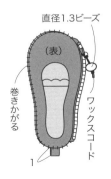

本体の周囲を
表布同士をすくって
巻きかがる

ミニチュアソファー（ポケットつき） P12

▶ 背もたれ、座面、肘かけの実物大型紙はとじ込み付録表⑤

● 材料
・ポケット用ピーシング用端切れ各種
・ポケット用裏打ち布20×10cm
・表布65×35cm
・厚手接着芯30×20cm
・厚さ2.5cmスポンジ20×10cm
・厚さ1.5cmスポンジ25×20cm
・直径1cmウッドビーズ4個
・フェルト適宜

● 作り方のポイント
背もたれと肘かけ外側、座面底側の表布の裏に同寸の厚手接着芯（裁ち切り）を貼る。

● 出来上がり寸法　10.5×16×8.5cm

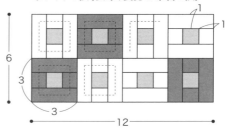

ポケット1枚（表布、裏打ち布各1枚）
※縫い代0.7つける

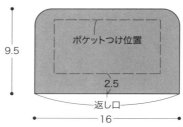

背もたれ1個
（表布2枚、厚手接着芯、スポンジ各1枚）
※縫い代1.5つける
※厚手接着芯（外側甲）、厚さ1.5スポンジは裁ち切り

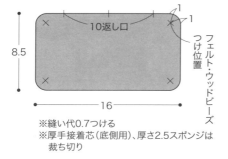

座面1個
（表布2枚、厚手接着芯、スポンジ各1枚）
※縫い代0.7つける
※厚手接着芯（底側用）、厚さ2.5スポンジは裁ち切り

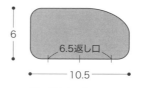

肘かけ左右対称各1個
（表布4枚、厚手接着芯、スポンジ各2枚）
※縫い代0.7つける
※左右対称に表布は各2枚、厚手接着芯（内側用）は裁ち切りで各1枚裁つ
※厚さ1.5スポンジは裁ち切り

座面側面1枚
※縫い代0.7つける

肘かけ側面2枚
※縫い代0.7つける

❶ 背もたれを作る

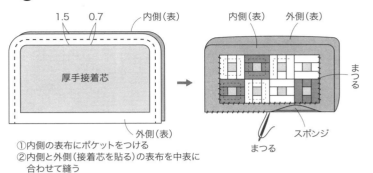

①内側の表布にポケットをつける
②内側と外側(接着芯を貼る)の表布を中表に合わせて縫う
③表に返してスポンジを入れ、返し口をとじる

ポケットの作り方

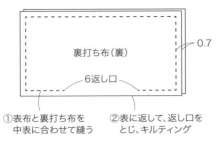

①表布と裏打ち布を中表に合わせて縫う
②表に返して、返し口をとじ、キルティング

❷ 座面と肘かけを作る

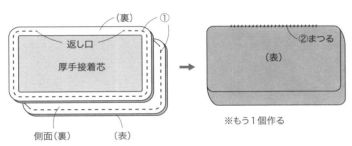

①内側、外側の表布と側面を中表に合わせて縫う
②表に返してスポンジを入れ、返し口をとじる
※厚手接着芯は座面は底面は底側、肘かけは内側の表布に貼る

❸ パーツをボンドで組み立てる

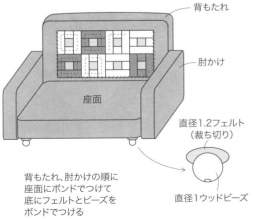

背もたれ、肘かけの順に座面にボンドでつけて底にフェルトとビーズをボンドでつける

ミニチュアソファー
（スマホスタンド） P12

▶ 背もたれ、前・後ろ座面、座面当て布の実物大型紙はとじ込み付録表⑥

● 材料
・表布（当て布分含む）90×35cm
・厚手接着芯25×25cm
・前座面用厚さ4cmスポンジ 15×10cm
・厚さ1.5cmスポンジ20×15cm
・クッション用布15×10cm
・直径1cmウッドビーズ4個
・フェルト、手芸綿、25番刺しゅう糸赤、不織布タイプの薄手接着芯各適宜

● 作り方のポイント
背もたれと肘かけ外側、座面ポケット部分の表布の裏に同寸の厚手接着芯（裁ち切り）を貼る。

● 出来上がり寸法　10.5×16×8.5cm

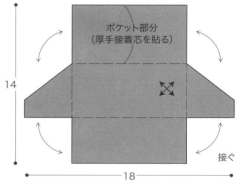

前座面1枚（表布、厚手接着芯各1枚）
※縫い代0.7つける
※ポケット部分の表布の裏に断ち切りの厚手接着芯（5×10）を貼る

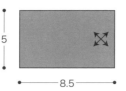

肘かけ2個
（表布、当て布、厚手接着芯、スポンジ各2枚）
※表布は縫い代2.5つける
※当て布は縫い代0.7つける
※厚手接着芯、厚さ1.5スポンジは裁ち切り

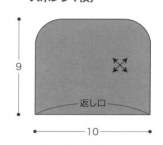

背もたれ1個
（表布、厚手接着芯各2枚、スポンジ1枚）
※縫い代1.5つける
※厚手接着芯、厚さ1.5スポンジは裁ち切り

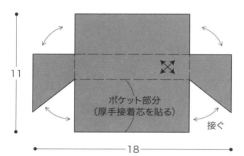

後ろ座面1枚（表布、厚手接着芯各1枚）
※縫い代0.7つける
※ポケット部分の表布の裏に断ち切りの厚手接着芯（4×10）を貼る

座面当て布1枚
（表布、厚手接着芯各1枚）
つけ位置 フェルト・ウッドビーズ
※縫い代0.7つける
※厚手接着芯は裁ち切り

クッション2枚
②フレンチノットS（3回巻）（25番1本取り）
②ストレートS（25番1本取り）
②アウトラインS（25番1本取り）
①図案を写して鳥の形に薄手接着芯を貼る
※縫い代0.7つける
※1枚に刺しゅうをする

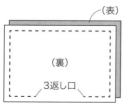

3返し口
表に返して綿を入れ返し口をとじる

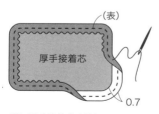

座面当て布の作り方
※肘かけ当て布と共通
裏に厚手接着芯を貼り周囲をぐし縫いして糸を引き絞り、玉どめする

❶ 背もたれを作る

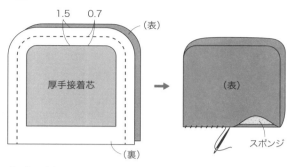

① 2枚を中表に合わせて縫う
② 表に返してスポンジを入れ、返し口をとじる

前座面スポンジ1枚

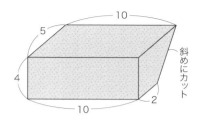

後ろ座面スポンジ1枚

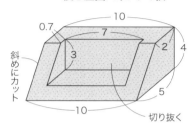

❷ 座面を作る

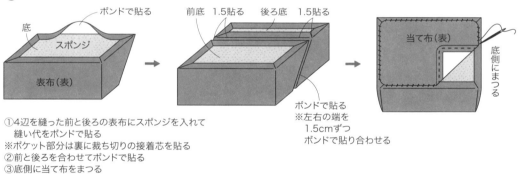

① 4辺を縫った前と後ろの表布にスポンジを入れて縫い代をボンドで貼る
※ポケット部分は裏に裁ち切りの接着芯を貼る
② 前と後ろを合わせてボンドで貼る
③ 底側に当て布をまつる

❸ 肘かけを作る

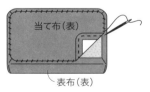

表布でスポンジをくるみ
縫い代をボンドで貼って
当て布をまつる

❹ パーツをボンドで組み立てる

① 背もたれ、肘かけの順に
座面にボンドでつけて
底にフェルトとビーズをボンドでつける
② 背もたれと肘かけに
クッションをとめる

ドールキルト　P14

● 材料
(四角つなぎ)
・ピーシング用端切れ各種
・キルト綿、裏打ち布各35×35cm
・パイピング用3.5cm幅バイアステープ
　130cm
(三角つなぎ)
・ピーシング用端切れ各種
・キルト綿、裏打ち布各35×35cm
・パイピング用2.5cm幅バイアステープ
　130cm
(パターン)
・ピーシング用端切れ各種
・キルト綿、裏打ち布各35×35cm
・パイピング用3.5cm幅バイアステープ
　125cm

● 出来上がり寸法
(四角つなぎ) 28.7×28.7cm
(三角つなぎ) 30×28cm
(パターン) 28×28cm

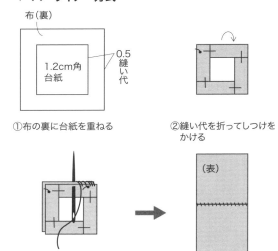

ペーパーライナー方式
①布の裏に台紙を重ねる
②縫い代を折ってしつけをかける
③中表に合わせて布同士をすくって巻きかがる

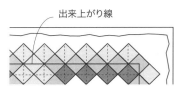

3層にしてキルティングした後
出来上がり線を印つけし
縫い代0.7cmつけて裁ち揃えて
パイピングする

四角つなぎ

※縫い代0.7つける
(接いだ後0.5に裁ち揃える)
※3層にしてキルティング

28.76
28.76

0.7幅パイピング
1.2角の四角をペーパーライナー方式でつなぐ

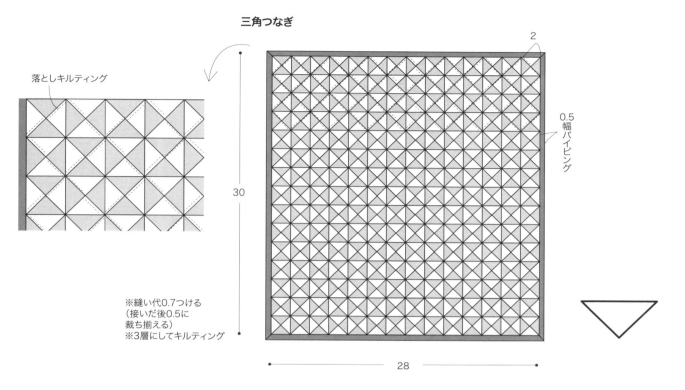

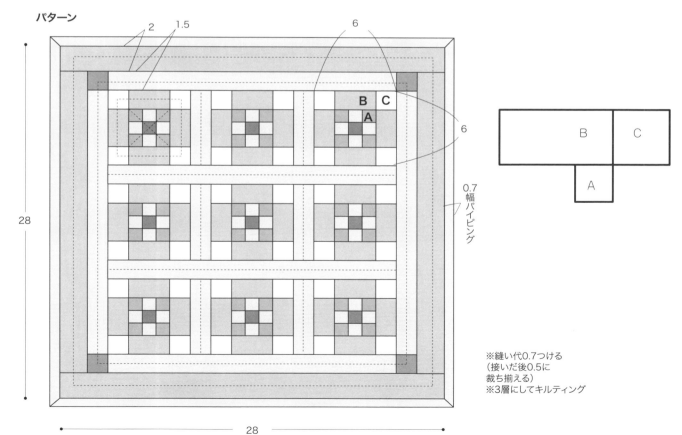

ルームシューズ　P19

▶実物大型紙はとじ込み付録表⑦

● 材料
- ピーシング用端切れ各種
- 甲用表布各30×20cm
- 側面用表布各40×40cm
- 外底表用布、片面接着キルト綿、当て布 各30×30cm
- キルト綿45×40cm
- 裏打ち布（内底表布分含む）90×45cm
- 厚手接着芯45×30cm
- パイピング用布30×30cm
- 2cm幅テープ35cm

● 作り方のポイント
完成サイズは24.5cmを想定しています。

● 出来上がり寸法　長さ26cm

甲2枚（表布、キルト綿、裏打ち布各2枚）

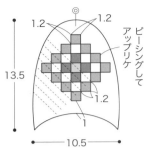

※縫い代0.7つける
※3層にしてキルティング

外底左右対称各1枚（表布、片面接着キルト綿厚手接着芯、当て布各2枚）

内底左右対称各1枚（表布、厚手接着芯各2枚）

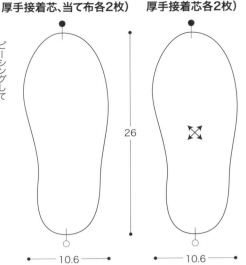

※縫い代0.7つける
※左右対称に各1枚裁つ
※厚手接着芯は裁ち切り

※縫い代0.7つける
※左右対称に各1枚裁つ
※厚手接着芯は裁ち切り

側面左右対称各2枚（表布、キルト綿、裏打ち布各4枚）

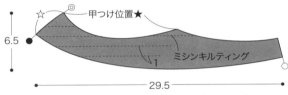

※縫い代0.7つけて、甲つけ位置の裏打ち布★とつま先の片側の裏打ち布☆のみ縫い代1.5つける
※左右対称に各2枚裁つ
※3層にしてミシンキルティング

❶ 甲を作る

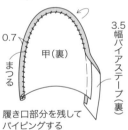

履き口部分を残してパイピングする

❷ 甲と側面を縫い合わせる

①側面のつま先を中表に合わせて縫う
②側面に甲を重ね、パイピングのきわを縫う
③周囲をまつる
④裏打ち布で縫い代を始末する

❸ かかとを縫う

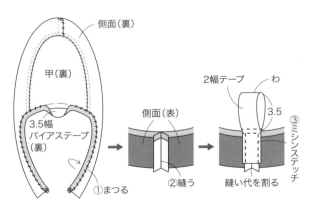

①履き口をパイピングする
②側面のかかとを外表に合わせて縫う
③テープを二つ折りにして、かかとをはさんでミシンステッチする

玄関マット   P19

● 材料
・ピーシング用端切れ各種
・ボーダー用布85×35cm
・キルト綿、裏打ち布フランネル
　各90×65cm
・パイピング4cm幅バイアス
　テープ305cm

● 出来上がり寸法　59.7×85.1cm

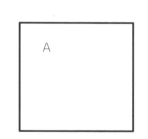

※縫い代0.7つける
※3層にしてキルティング

四角の接ぎ方

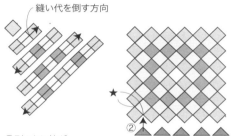

①列ごとに接ぎ、
　縫い代は片倒しにする
　※ブロックの端（★）は印で縫い止める
②ブロックにラティスのピースをはめ込み縫いして接ぐ

---

❹ 側面と外底を中表に縫う

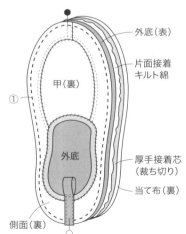

①外底の表布と当て布を外表に重ね、
　側面と中表に合わせてぐるりと縫う
②表に返す

❺ 内底をつける

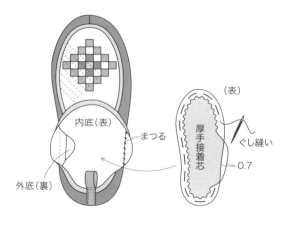

内底の周囲をぐし縫いして糸を引き絞り
玉どめをして内側にまつる

アラウンド・ザ・ワールドのキルト P16

- ●材料
- ・ピーシング用端切れ各種
- ・キルト綿、裏打ち布各85×350cm
- ・パイピング用3.5cm幅バイアステープ 660cm

- ●作り方のポイント
- ・パターンは、65ページと同様にして作る。

- ●出来上がり寸法　169×154cm

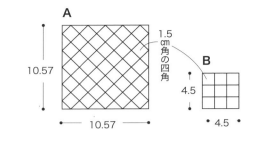

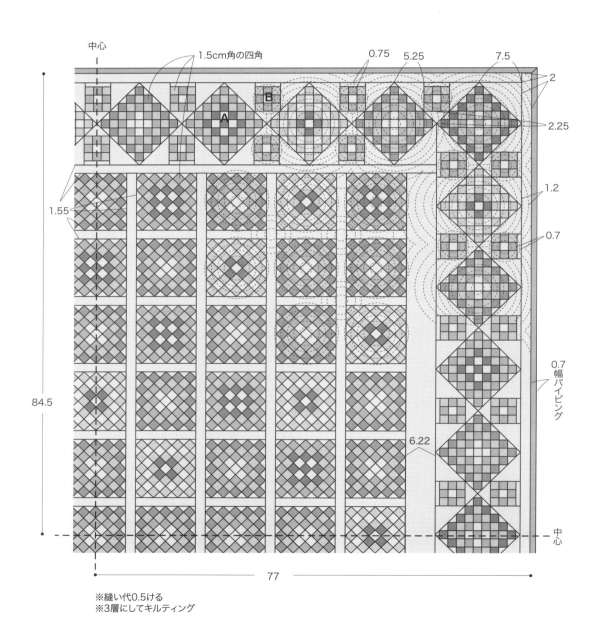

※縫い代0.5つける
※3層にしてキルティング

ハウスのタペストリー P22

▶A〜Dの実物大型紙はとじ込み付録表⑧

● 材料
・ピーシング、アップリケ用端切れ各種
・キルト綿、裏打ち布各60×60cm
・パイピング用3.5cm幅バイアステープ 230cm
・25番刺繍糸適宜

● 作り方のポイント
・モチーフに沿って落としキルティングをする。

● 出来上がり寸法 54×54cm

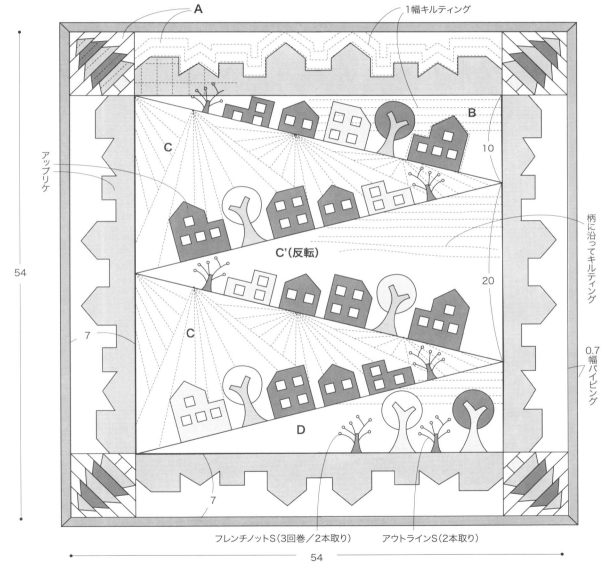

※縫い代0.7つける
（アップリケは0.3つける）
※3層にしてキルティング

カフェカーテン　P20

▶a、bの実物大型紙はとじ込み付録表⑨

●材料
- ピーシング、アップリケ用端切れ各種
- 本体用布（ピーシング、見返し、2.5cm幅バイアステープ分含む）110×65cm
- ループ用布60×10cm
- 25番刺繍糸適宜

●作り方のポイント
本体両脇の縫い代はバイアステープでくるんで始末する。

●出来上がり寸法　45×72cm

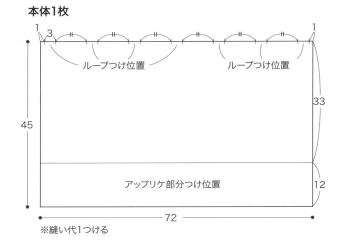

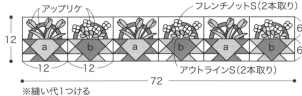

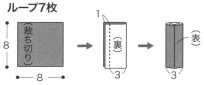

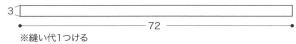

❶ 本体にアップリケ部分をつけ、両脇を始末する

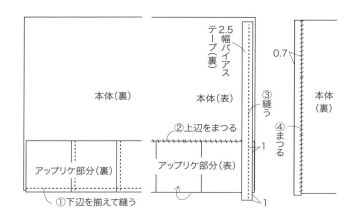

① 本体裏の下辺にアップリケ部分を中表に重ねて縫う
② アップリケ部分を表側に返し、上辺をまつる
③④ 両脇をバイアステープで始末する

❷ ループと見返しをつける

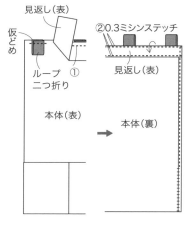

① 上辺にループを重ね見返しを重ねて縫う
② 見返しを表に返し、端を折って縫う

バスケットのデイリーバッグ P21

▶パターンと底の実物大型紙はとじ込み付録表⑩

● 材料
- ピーシング、アップリケ用端切れ各種
- 前、後ろ用布70×40cm
- 底用布40×15cm
- キルト綿、裏打ち布（当て布分含む）90×55cm
- 持ち手用布（脇用3.5cm幅バイアステープ分含む）65×40cm
- 厚手接着芯40×10cm
- 口用4cm幅バイアステープ40×40cm
- 4.5cm幅綾テープ100cm

● 出来上がり寸法　36×36×8cm

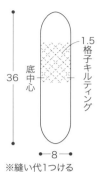

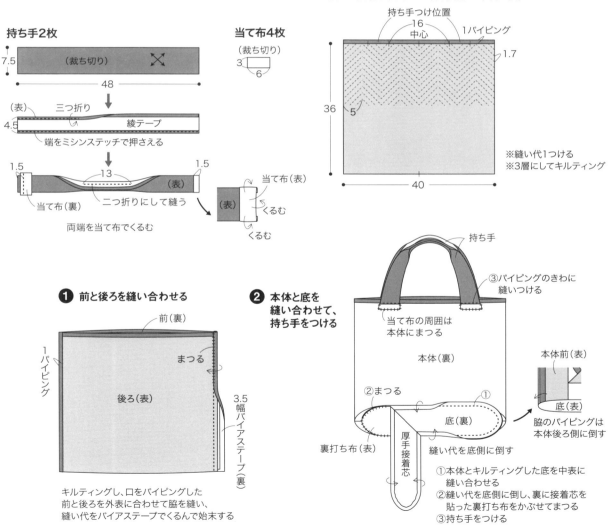

六角つなぎのミニバッグ P25

▶ 前、後ろとフタの実物大型紙はとじ込み付録表⑪

● 材料
・ピーシング用端切れ各種
・表布（マグネットボタン分含む）70×35cm
・キルト綿 80×35cm
・裏打ち布（持ち手通し、2.5cm幅バイアステープ、マグネットボタン分含む）各 60×60cm
・パイピングコード用布 50×50cm
・直径0.4cmコード 65cm
・直径2.2cm縫い付けマグネットボタン 1組
・外径19cm木製持ち手 1組

● 作り方のポイント
・マグネットボタンは表布、裏布と共布でそれぞれくるむ。

● 出来上がり寸法　20.5×24.5×5cm

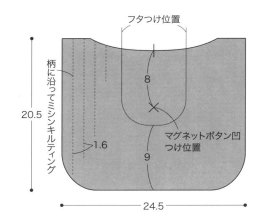

前、後ろ各1枚（表布、キルト綿、裏打ち布各2枚）

※縫い代0.7つける
※3層にしてミシンキルティング

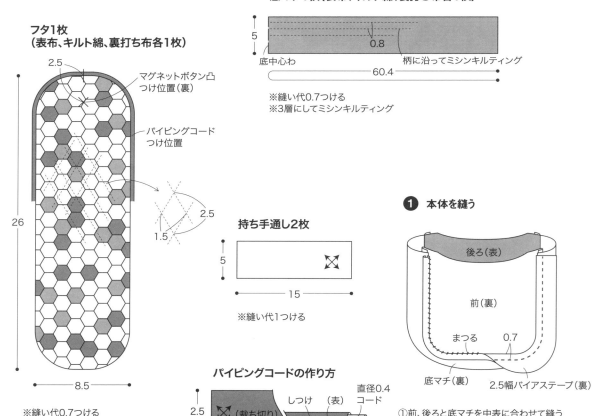

❷ 口をバイアステープで始末する

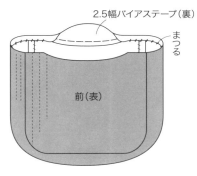

バイアステープを中表に重ねて縫い
縫い代をくるんで内側にまつる

❸ フタを作る

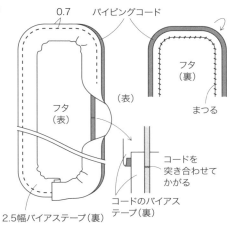

①キルティングしたフタの周囲に
　パイピングコードを仮どめし
　バイアステープを中表に重ね、
　パイピングコードをはさんで縫う
②縫い代をくるんで裏側にまつる

❹ フタをつける

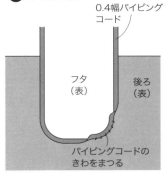

後ろにフタを重ね、キルト綿まで
すくってまつる

❺ 持ち手をつける

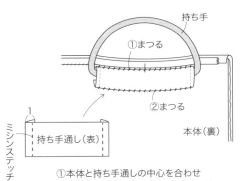

①本体と持ち手通しの中心を合わせ
　上部をバイアステープのきわにまつる
②持ち手をくるんで下部をまつる

❻ マグネットボタンをつける

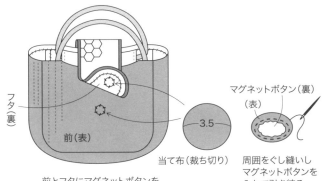

前とフタにマグネットボタンを
まつる

周囲をぐし縫いし
マグネットボタンを
入れて引き絞る

実物大型紙

ペーパーライナー方式

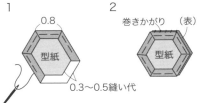

1　ピースに型紙を重ね一辺ずつ
　縫い代を折り込み
　型紙ごとしつけで押さえる

2　ピース同士を中表に
　合わせ、一辺ずつ
　巻きかがる

3　必要なピースを接ぎ
　アイロンで形を整え
　しつけをとって型紙をはずす

六角つなぎのショルダーバッグ P24

▶ 実物大型紙はとじ込み付録裏①

● 材料
- ピーシング、アップリケ用端切れ各種
- 後ろ用布35×40cm
- キルト綿70×40cm
- 裏打ち布(ループ、マグネットボタン用布、バイアステープ分含む)100×40cm
- 直径2.2cmマグネットボタン1組
- 2.5cm幅綾テープ150cm
- 内寸1.9cm Dかん2個
- 内寸2.5cmアミナスカン2個
- 内寸2.8cmコキカン1個
- 25番刺繍糸薄緑適宜

● 作り方のポイント
- 葉脈のアウトラインステッチに沿って、落としキルティングする。

● 出来上がり寸法　35×31cm

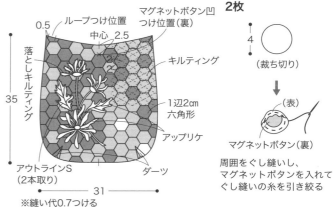

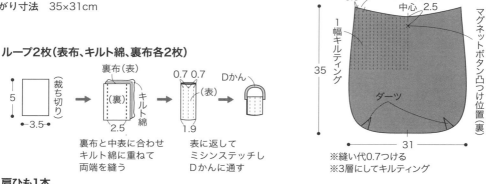

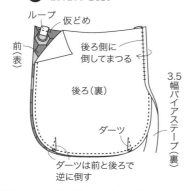

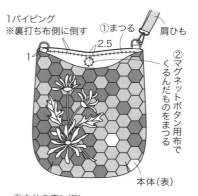

花籠のミニバッグ　P38

▶実物大型紙はとじ込み付録表⑫

● 材料
・アップリケ用端切れ各種
・表布75×45cm
・キルト綿、裏打ち布各80×30cm
・口のパイピング用布30×30cm
・2cm幅ステッチテープつきテープ60cm
・25番刺繍糸白・緑適宜

● 作り方のポイント
・モチーフに沿って落としキルティングをする。

● 出来上がり寸法　21.5×32cm

前上部1枚(表布、キルト綿、裏打ち布各1枚)

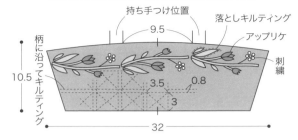

※縫い代0.7、両脇の裏打ち布のみ縫い代2つける
※3層にしてミシンキルティング

後ろ上部1枚(表布、キルト綿、裏打ち布各1枚)

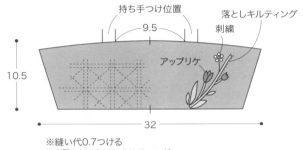

※縫い代0.7つける
※3層にしてミシンキルティング

前、後ろ下部各1枚（表布、キルト綿、裏打ち布各2枚）

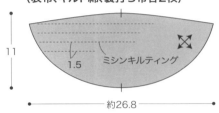

※縫い代0.7、前の裏打ち布と後ろ上辺の裏打ち布のみ縫い代2つける
※3層にしてミシンキルティング

❶ 前と後ろの上下を縫う

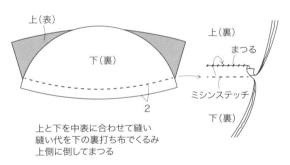

上と下を中表に合わせて縫い
縫い代を下の裏打ち布でくるみ
上側に倒してまつる

❷ 本体を縫う

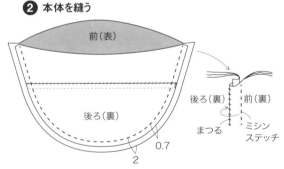

前と後ろを中表に合わせて縫い、縫い代を
前の裏打ち布でくるみ、後ろ側に倒してまつる

❸ 持ち手をつける

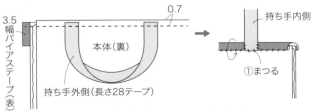

①持ち手を内側に重ねて、口をパイピングする
②持ち手を起こしてパイピングにまつる

ツリーのウール巾着　P48

▶ポケット（2点）の実物大型紙はとじ込み付録表②

●材料（1点分）
- アップリケ、タブ、つつみボタン用端切れ各種
- 本体用布 30×55cm
- 中袋用布（ポケット裏布分含む）30×75cm
- 口布用布 25×15cm
- ポケット用布 20×20cm
- 0.5cm幅ひも 110cm
- 直径1cm縫い付けマグネットボタン1組
- 直径2.2cmつつみボタン4個
- 25番刺しゅう糸適宜

●作り方のポイント
・底の縫い代は中とじする。

●出来上がり寸法　26×26cm

<2点共通>

本体、中袋各1枚

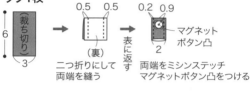

※縫い代1つける
※中袋同寸

ポケット1枚（表布、裏布各1枚）

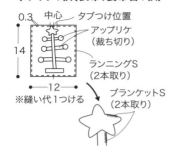

※縫い代1つける

ポケットの作り方

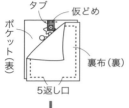

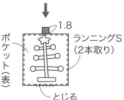

口布2枚

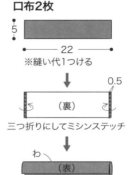

三つ折りにしてミシンステッチ
半分に折る

タブ1枚

二つ折りにして両端を縫う
両端をミシンステッチ
マグネットボタン凸をつける

つつみボタン用布4枚

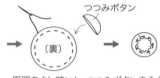

周囲をぐし縫いし、つつみボタンを入れてぐし縫いの糸を引き絞る

<作り方共通>

❶ 本体と中袋の口を縫う

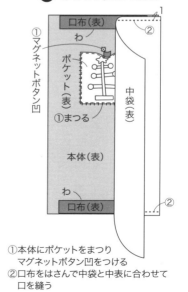

①本体にポケットをまつりマグネットボタン凹をつける
②口布をはさんで中袋と中表に合わせて口を縫う

❷ 口の縫い目を揃えて折り直し脇を縫う

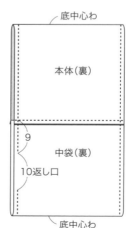

口の縫い目を揃えて折り直し返し口を残して脇を縫う

❸ 表に返して、ひもを通す

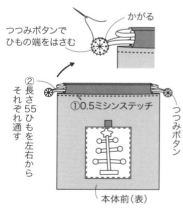

①表に返して返し口をとじ口をミシンステッチ
②口布にひもを通し端をつつみボタンではさむ

聖夜のタペストリー P46

▶A〜Cの実物大型紙はとじ込み付録裏③

● 材料
・ピーシング、アップリケ用端切れ各種
・キルト綿、裏打ち布各60×45cm
・パイピング用3.5cm幅バイアステープ 195cm
・25番刺繍糸適宜

● 作り方のポイント
・モチーフに沿って落としキルティングをする。

● 出来上がり寸法 38×52cm

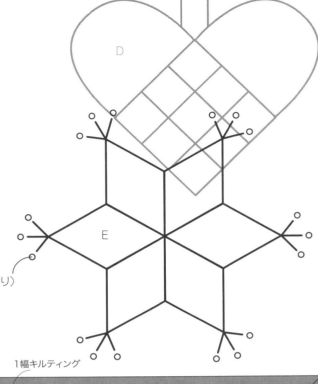

フレンチノットS（4回巻／2本取り）

※縫い代0.7つける
　（アップリケは0.3つける）
※3層にしてキルティング

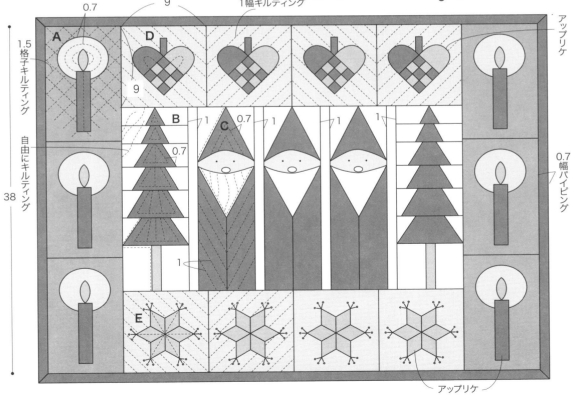

ハウスの小物入れ　P23

▶本体と屋根の実物大型紙はとじ込み付録
　裏④

● **材料**
・ピーシング、アップリケ用端切れ各種
・本体用布40×15cm
・底用布（ピーシング分含む）40×20cm
・内布、キルト綿、裏打ち布、接着芯
　各40×35cm
・直径0.7cmボタン2個
・直径1.8cmウッドビーズ1個
・25番刺繍糸適宜

● **作り方のポイント**
・接着芯はシャキット芯を使用する。
・底のサイズは仕立て時に本体のサイズに
　合わせて適宜調整する。

● **出来上がり寸法**　高さ17×直径10cm

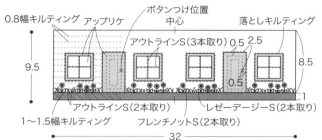

本体1枚（表布、キルト綿、裏打ち布、内布、接着芯各1枚）

※縫い代1つける
※内布は裏に接着芯を貼る
※3層にしてキルティング

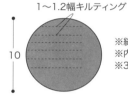

底1枚（表布、キルト綿、裏打ち布、内布、接着芯各1枚）

※縫い代1つける
※内布は裏に接着芯を貼る
※3層にしてキルティング

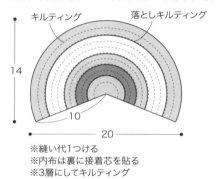

屋根1枚（表布、キルト綿、裏打ち布、内布、接着芯各1枚）

※縫い代1つける
※内布は裏に接着芯を貼る
※3層にしてキルティング

❶ 本体を作る

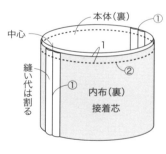

①キルティングした本体と
　裏に接着芯を貼った内布を
　それぞれ筒に縫う
②縫い目を対角に中表に
　合わせて口を縫う

❷ 本体と底を縫い合わせる

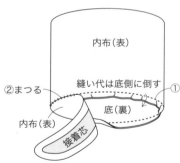

①本体を表に返し、キルティングした
　底と中表に縫い合わせる
②縫い代を底側に倒し、裏に接着芯を
　貼った内布をかぶせてまつる

❸ 屋根を作る

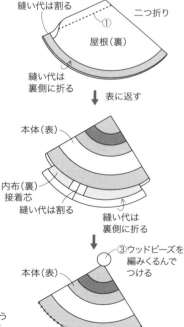

①キルティングした屋根の本体と
　裏に接着芯を貼った内布を
　それぞれ二つ折りにして脇を縫う
②縫い目を対角に外表に合わせて
　すそ部分をコの字とじで縫い合わせる
③ウッドビーズを編みくるんでつける

ハウスのポーチ(四角) P23

▶実物大型紙はとじ込み付録裏⑤

● 材料
- ピーシング、アップリケ用端切れ各種
- 本体A用布30×15cm
- 本体B用布30×25cm
- 裏打ち布、キルト綿各30×35cm
- パイピング用布（ファスナー飾り分含む）25×25cm
- 長さ22cmファスナー1本
- 25番刺繍糸適宜

● 作り方のポイント
- 裏打ち布の脇の縫い代は大きめに裁つ。

● 出来上がり寸法　14×22cm

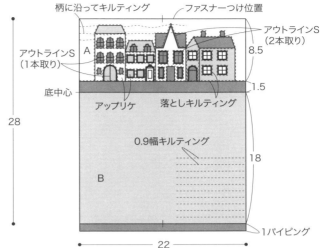

※縫い代1つける
※裏打ち布の脇の縫い代は大きめに裁つ
※3層にしてキルティング

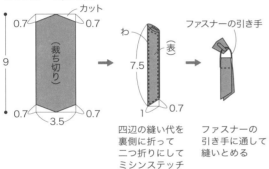

四辺の縫い代を裏側に折って二つ折りにしてミシンステッチ

ファスナーの引き手に通して縫いとめる

❶ 本体にファスナーをつける

キルティングし、片方の端をパイピングした本体にファスナーをつける

❷ 脇を縫う

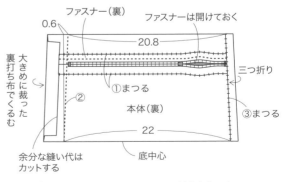

①本体を裏に返し、ファスナーの両端を本体にまつる
②底中心で折って両脇を斜めに縫う
③大きめに裁った裏打ち布で縫い代をくるんで始末する

ハウスのポーチ（丸屋根） P23

▶実物大型紙はとじ込み付録裏⑥

● 材料（1点分）
- ピーシング、アップリケ、ファスナー飾り用端切れ各種
- 本体A用布15×10cm
- 本体B用布15×15cm
- 裏打ち布（バイアステープ分含む）40×30cm
- キルト綿（ファスナー飾り分含む）20×25cm
- 長さ31cmフリースタイルファスナー（リングタイプアジャスター）1本
- 直径0.7cmボタン1個
- 25番刺繍糸適宜

● 出来上がり寸法　11.5×12.5cm

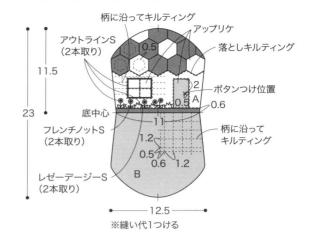

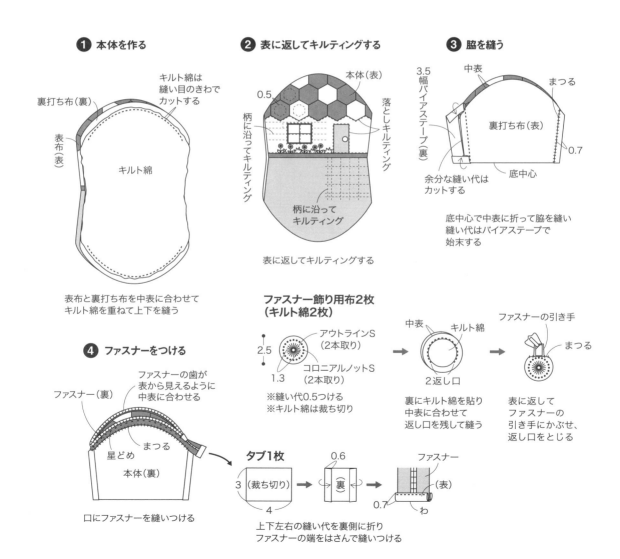

カフェマット　　P26

▶実物大型紙はとじ込み付録裏⑦

● 材料（1点分）
・アップリケ用端切れ各種
・本体用布、キルト綿、裏布各50×35cm
・しっぽ用布（耳分含む）20×15cm
・直径1.5cm円形チャーム1個

● 作り方のポイント
・アップリケの縫い代になる部分は、内側に折り込まずにそのまま縫い代として残しておく。

● 出来上がり寸法　29×43cm

本体1枚（表布、キルト綿、裏布各1枚）

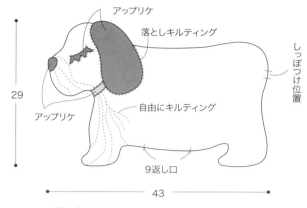

※縫い代1つける
※裏布は表布と左右対称に裁つ

しっぽ1枚

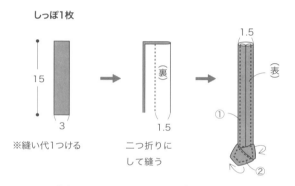

※縫い代1つける

①表に返して縫い目を中心にずらし両端をミシンステッチ
②片方の端をひと結びして結び目をミシンステッチで押さえる

❶ 本体と裏布を中表に合わせて縫う

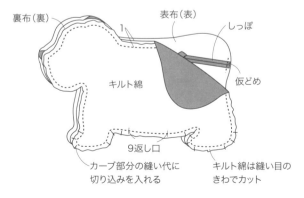

本体にしっぽを仮どめし裏布を中表に合わせキルト綿を重ねて、返し口を残して周囲を縫う

❷ 表に返してキルティング

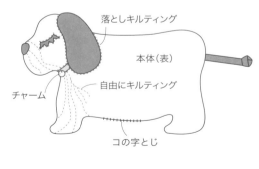

①表に返し、返し口をとじてキルティング
②チャームをつける

猫のタペストリー　P27

▶A～Iの実物大型紙はとじ込み付録裏⑧

●材料
- ピーシング、アップリケ用端切れ各種
- キルト綿、裏打ち布各50×50cm
- パイピング用3.5cm幅バイアステープ 185cm
- 25番刺繍糸適宜

●作り方のポイント
- 猫の服は、直線あるいは布の柄に沿ってキルティングする。
- 刺繍は3層にしてキルティング後、キルト綿まですくって刺す。

●出来上がり寸法　45×42cm

フレンチノットS

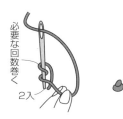

サテンS

アウトラインS

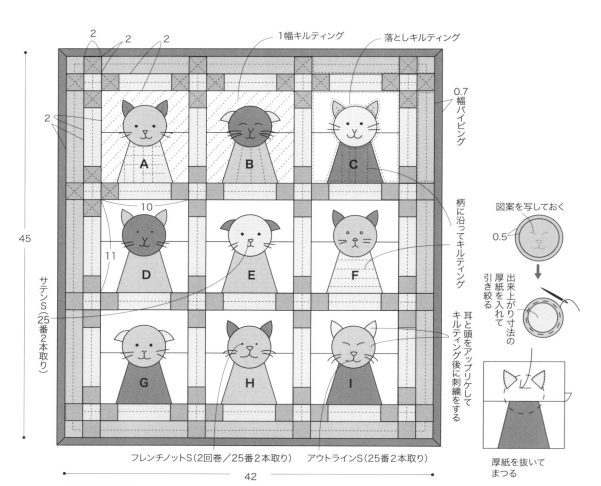

※縫い代0.7つける
　（アップリケは0.3つける）
※3層にしてキルティング

犬のクッション　P27

▶実物大型紙はとじ込み付録裏⑨

● 材料
- ピーシング、アップリケ用端切れ各種
- 後ろ用布、キルト綿、裏打ち布各 60×40cm
- 長さ40cmファスナー1本
- 25番刺繍糸適宜

● 作り方のポイント
- ボーダー部分は柄に沿ってキルティングする。
- 裏打ち布は縫い代を大きめに裁つ。

● 出来上がり寸法　29×51cm

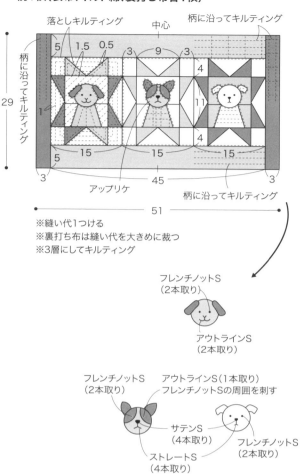

※縫い代1つける
※裏打ち布は縫い代を大きめに裁つ
※3層にしてキルティング

後ろ各1枚

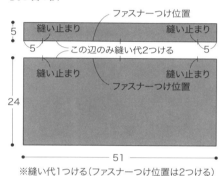

※縫い代1つける(ファスナーつけ位置は2つける)

❶ 後ろにファスナーをつける

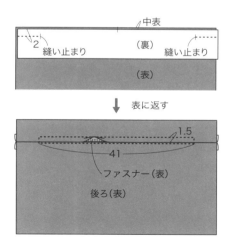

後ろを中表に合わせて端から縫い止まりまで縫い、表に返してファスナーに重ねて縫いつける

❷ 前と後ろを縫い合わせる

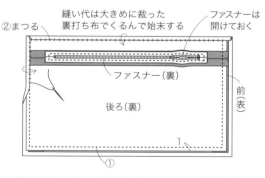

①キルティングした前と後ろを中表に合わせて周囲を縫う
②裏打ち布で縫い代をくるんで始末する

ピンクッション   P28

（1〜3月共通）
- ピーシング用端切れ各種
- 後ろ用布15×15cm
  直径1.2cmドロップビーズ、ボタン
  各1個
- 手芸綿適宜

（4〜6月共通）
- ピーシング、アップリケ（5月、6月のみ）
  用端切れ、バイアステープ各種
- 後ろ用布10×10cm
- 手芸綿、飾り各適宜

（7〜9月共通）
- ピーシング用端切れ各種
- 下用布10×10cm
- 手芸綿適宜

（10〜12月共通）
- ピーシング、アップリケ（11月のみ）
  用端切れ各種
- 後ろ用布15×10cm
- 側面用布35×5cm
- 手芸綿適宜

●出来上がり寸法
(1〜3月) 10×10cm
(4〜6月) 直径7×3.5〜3.8cm
(7〜9月) 6×6×6cm
(10〜12月) 6×8.4×3cm

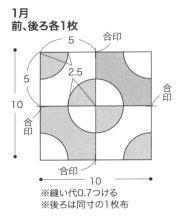

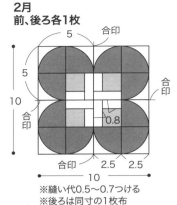

3月
前、後ろ各1枚

※縫い代0.7つける
※後ろは同寸の1枚布

<1月〜3月作り方共通>

❶ 前と後ろを中表に合わせて縫う

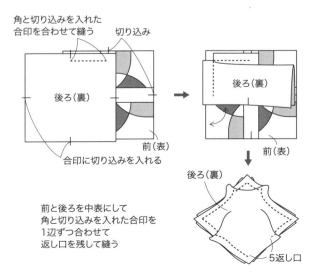

❷ 表に返して綿を詰める

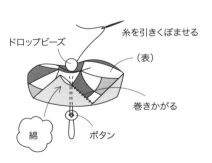

①表に返して綿を詰め、返し口をとじる
②ドロップビーズとボタンを上下につけ
　糸を強めに引き中心をくぼませる

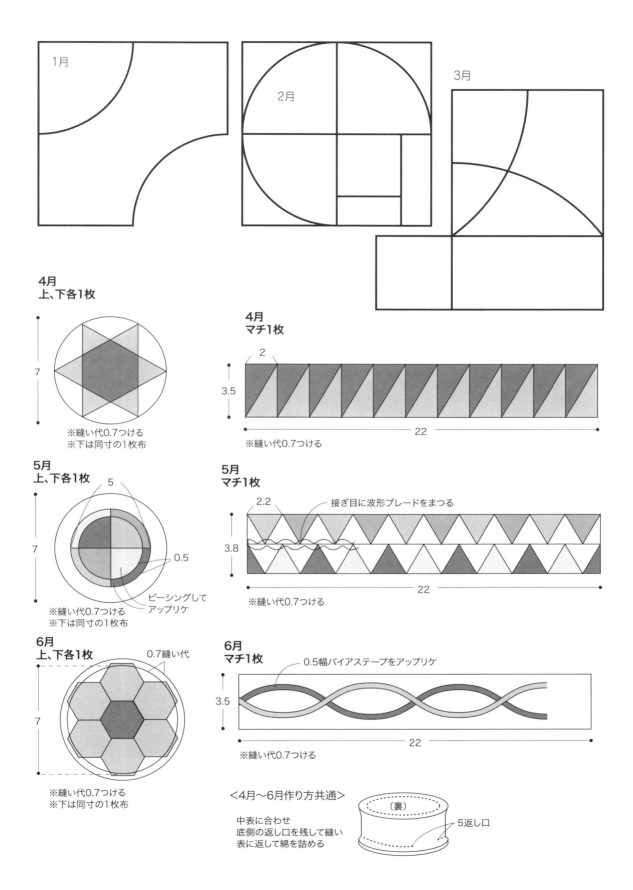

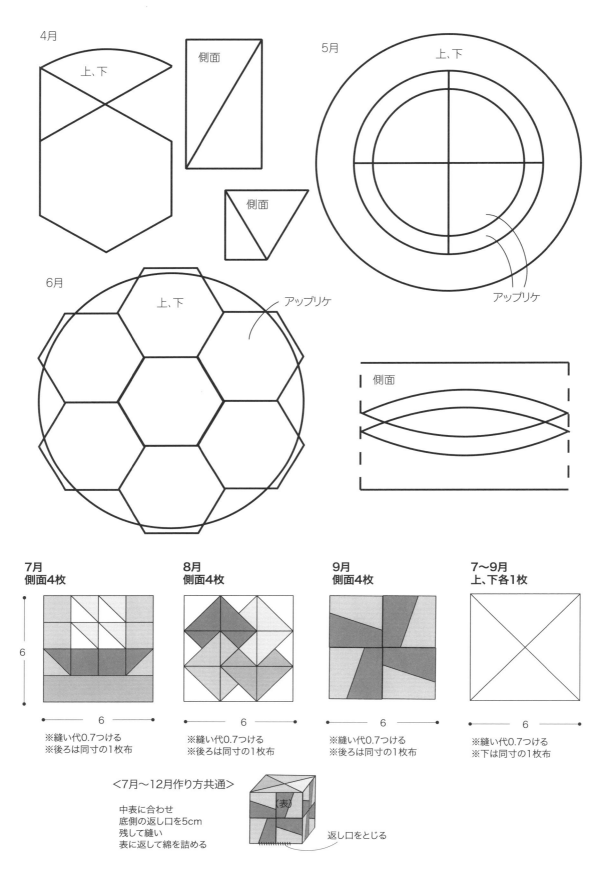

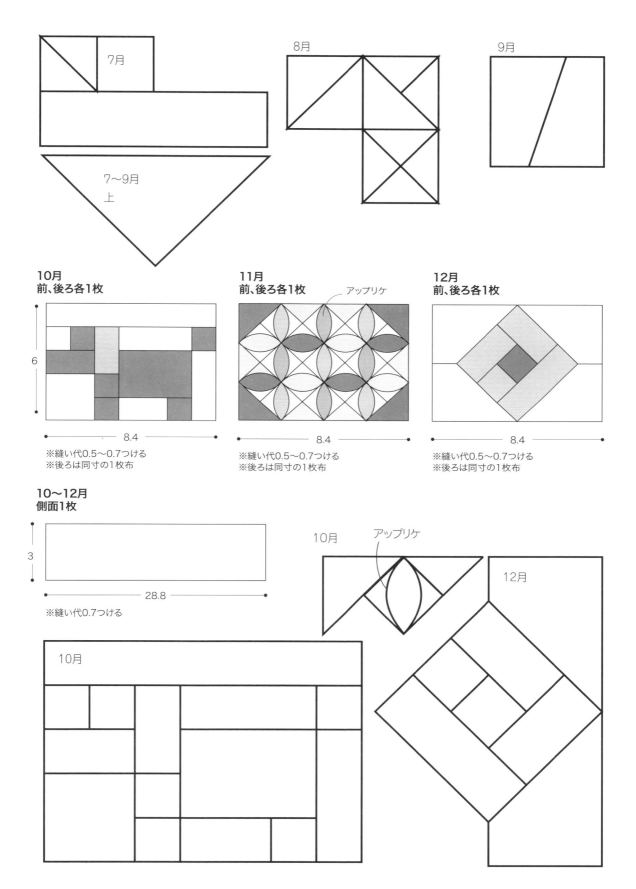

携帯ケース（フタつき） P30

- ピーシング用端切れ各種
- 表布、キルト綿、裏打ち布各30×30cm
- 持ち手通し用1.5cm幅レース15cm
- 持ち手通し用1cm幅テープ45cm
- ループ用0.6cm幅テープ10cm
- 直径1.3cmワンタッチスナップボタン1組
- 内径1cmプラスチックバックル1組
- 25番刺繍糸適宜

● 作り方のポイント
- 前と後ろの表布は両脇の柄の位置を揃えて裁つ

● 出来上がり寸法　18.5×12cm

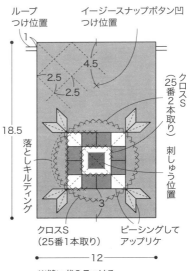

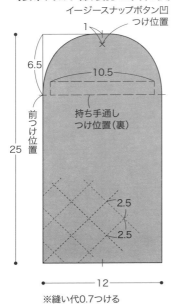

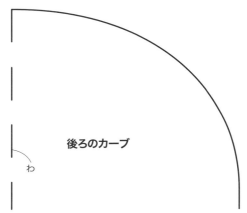

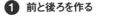

❶ 前と後ろを作る

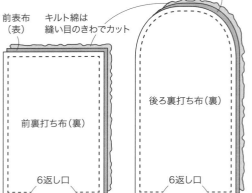

①表布にキルト綿を重ね、裏打ち布を中表に合わせて縫う
②表に返して、返し口をとじてキルティング

❷ 前と後ろを中表に縫う

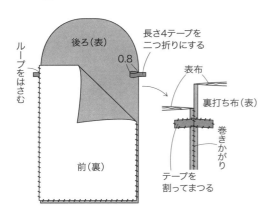

前と後ろを中表に合わせて
表布同士をすくって周囲を縫い、表に返す

❸ 持ち手通しをつける

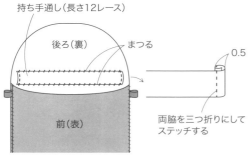

❹ 持ち手をつける

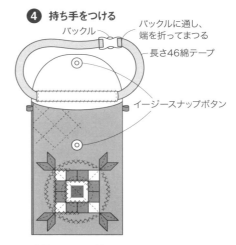

①持ち手通しに綿テープを通し
　テープの両端にバックルを通してつける
②前と後ろにイージースナップボタンをつける

刺しゅう図案

※25番2本取り
※抜きキャンバスで刺す

クロスS

10入 12入 14入　8入 6入　4入 2入
11出 9出 13出 7出 5出 3出 1出

実物大型紙

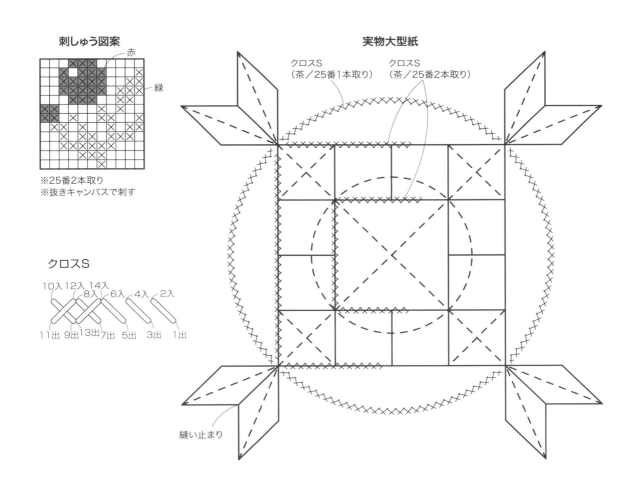

87

携帯ケース（二つ折り） P30

- ●材料
  - ピーシング用端切れ各種
  - 表布、キルト綿、裏打ち布、内布各 25×25cm
  - ポケット用布10×25cm
  - タブ用布15×5cm
  - プラスチック板20×20cm
  - 直径1cm薄型縫い付けマグネットボタン 1組
  - 市販のiPhoneケース1個
  - 厚手接着芯（シャキット芯）、25番刺繍糸、透明糸各適宜

- ●作り方のポイント
  iPhoneケースは裏布をすくって、透明糸で縫いとめる。

- ●出来上がり寸法　17×9cm

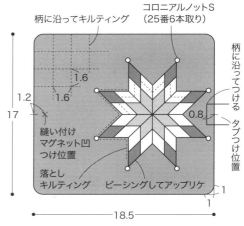

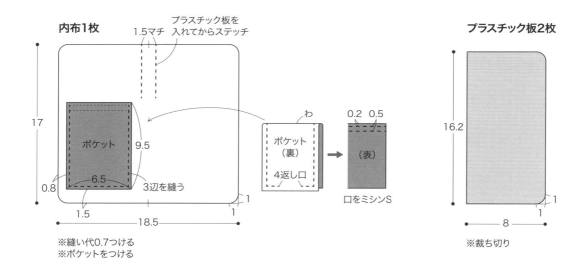

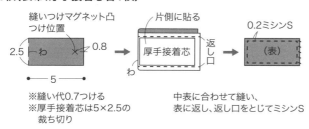

❶ 本体と内布を中表に縫う

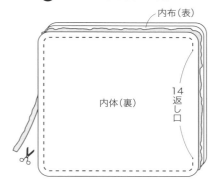

本体と内布を中表に合わせて縫い
表に返す

❷ プラスチック板を入れる

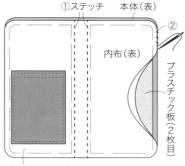

①1枚目のプラスチック板を入れて
　キルト綿まですくってマチをステッチする
②2枚目のプラスチック板を入れて
　返し口をとじる

❸ ケースをつける

内布に市販のiPhoneケースを
穴を利用して縫いとめる

❹ タブをつける

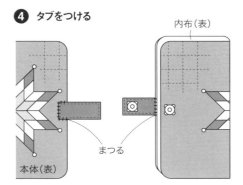

①タブをキルト綿まですくって縫いつける
②縫いつけマグネットボタンをつける

ピースの実物大型紙

コロニアルノットS

①台布の裏側から針を
出し(1出)、糸をかける

②図のように指で針に
糸を巻きつける

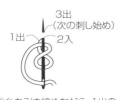
③糸を引き締めながら、1出の
きわに針を入れる(2入)

携帯ケース（がま口） P30

▶実物大型紙はとじ込み付録表⑬

●材料
・ピーシング用端切れ各種
・キルト綿、裏打ち布各25×25cm
・外寸18.5×10cmL型がま口金
　（縫い付け型）1個
・25番刺繍糸適宜

●出来上がり寸法　19.5×11cm

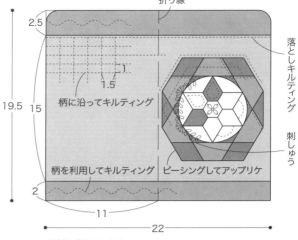

本体1枚(表布、キルト綿、裏打ち布各1枚)

※縫い代0.7つける
※パターンは縫い代を濃い色側に倒してピーシングし、アップリケ、刺しゅうをする

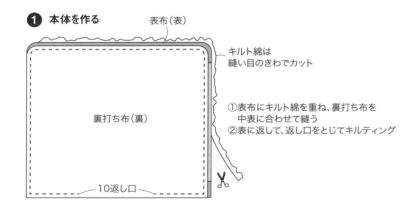

❶ 本体を作る
①表布にキルト綿を重ね、裏打ち布を中表に合わせて縫う
②表に返して、返し口をとじてキルティング
キルト綿は縫い目のきわでカット

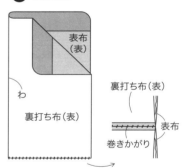

❷ 底を縫う
中表に合わせて表布同士をすくって底を縫い、表に返す

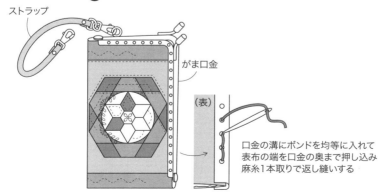

❸ がま口金をつける
口金の溝にボンドを均等に入れて表布の端を口金の奥まで押し込み麻糸1本取りで返し縫いする

四季のがま口　P32

▶4点の実物大型紙はとじ込み付録裏⑪

● 材料（1点分）
・アップリケ用端切れ各種
・本体用表布各50×20cm
・底マチ用布35×15cm
・裏打ち布、キルト綿各85×20cm
・12cm幅がま口金1個
・25番刺繍糸適宜

● 作り方のポイント
・（4点共通）本体と底マチは、表布同士、裏打ち布同士をそれぞれ巻きかがりで縫い合わせる。

● 出来上がり寸法　12×19×8.5cm

<4点共通>

本体2枚（表布、キルト綿、裏打ち布各2枚）

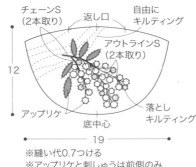

※縫い代0.7つける
※アップリケと刺しゅうは前側のみ

底マチ1枚（表布、キルト綿、裏打ち布各1枚）

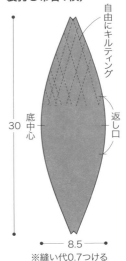

※縫い代0.7つける

<作り方共通>

❶ 本体と底マチを作る

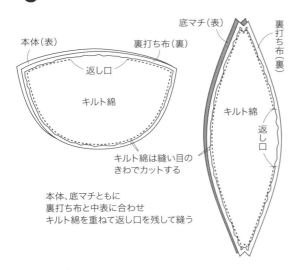

本体、底マチともに裏打ち布と中表に合わせキルト綿を重ねて返し口を残して縫う

❷ 表に返して、キルティングする

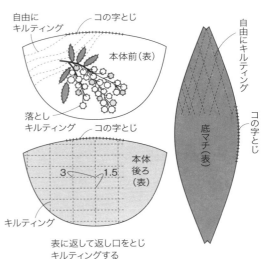

表に返して返し口をとじキルティングする

❸ 本体と底マチを縫い合わせる

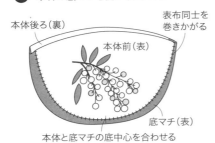

本体と底マチの底中心を合わせる
本体と底マチを巻きかがりで縫い合わせる

❹ がま口金をつける

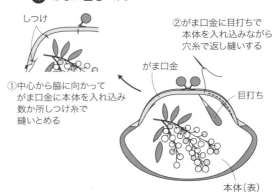

①中心から脇に向かってがま口金に本体を入れ込み数か所しつけ糸で縫いとめる

②がま口金に目打ちで本体を入れ込みながら穴糸で返し縫いする

花のテーブルランナー＆マット　P34

▶実物大型紙はとじ込み付録表⑭

● 材料
（テーブルランナー）
・アップリケ用端切れ各種
・本体用布、裏布各95×45cm
（マット）※1点分
・アップリケ用端切れ各種
・本体用布、キルト綿、裏布各45×35cm
・25番刺繍糸適宜

● 作り方のポイント
・（共通）茎のアップリケ用の布はバイアスに裁つ。
・（マット）キルト綿は超薄タイプを使用する。

● 出来上がり寸法
（テーブルランナー）40×90cm
（マット）30×42cm

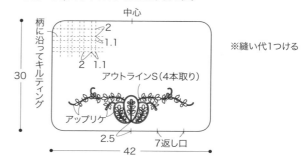

マット
本体1枚（表布、キルト綿、裏布各1枚）
※縫い代1つける

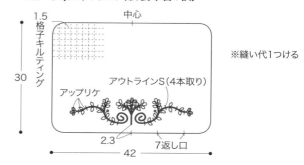

本体1枚（表布、キルト綿、裏布各1枚）
※縫い代1つける

テーブルランナー
本体1枚（表布、裏布各1枚）

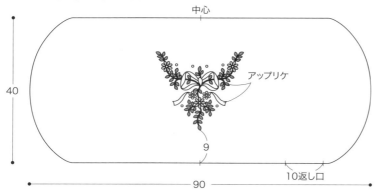

※縫い代0.7つける
（アップリケは0.3つける）

＜作り方共通＞

❶ 表布と裏布を中表に縫う

表布と裏布を中表に合わせ、キルト綿に重ねて返し口を残して周囲を縫う
※テーブルランナーはキルト綿なし

❷ 表に返してキルティング

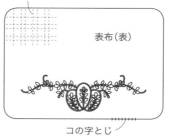

表に返し、返し口をとじてキルティングする
※テーブルランナーはキルティングなし

ブックカバー P36

▶実物大型紙はとじ込み付録裏⑫

● 材料
（鉢植えの花）
・アップリケ用端切れ各種
・本体用布、内布各45×20cm
・2.4cm幅麻テープ20cm
・0.3cm幅波形ブレード20cm
・長さ1.3cmビーズ1個

（枝と花）
・アップリケ用端切れ各種
・本体用布、内布各45×20cm
・1.5cm・0.6cm幅麻テープ各20cm
・長さ1.9cmビーズ1個
・25番刺繍糸適宜

● 作り方のポイント
・（共通）折り線で折った部分は表布同士を巻きかがる。
・（共通）茎と枝のアップリケ用の布はバイアスに裁つ。

● 出来上がり寸法　15.5×12cm

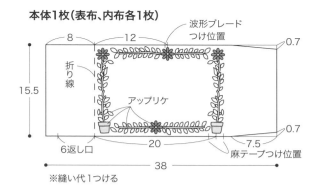

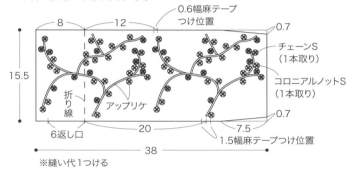

＜作り方共通＞

❶ 本体と内布を中表に合わせて縫う

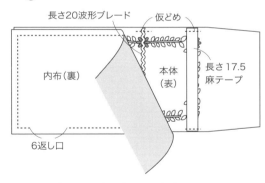

本体に麻テープと波形ブレードを仮どめし
内布と中表に合わせて返し口を残して周囲を縫う

❷ 表に返して返し口をとじる

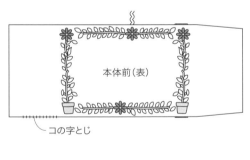

表に返して返し口をとじる

❸ 本体の片方の端を折り線で巻きかがる

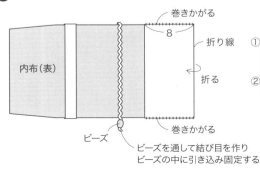

①片方の端を折り線で内布側に折り巻きかがる
②波形ブレードにビーズをつける

チェーンS

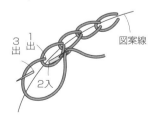

ペンケース
（ファスナータイプ） P37

● 材料
・アップリケ用端切れ各種
・本体用布（マチ、バイアステープ分含む）、
　裏打ち布各40×20cm
・キルト綿30×20cm
・長さ20cmファスナー1本
・ハート形飾りボタン1個
・タブ用革、25番刺繍糸各適宜

● 作り方のポイント
・茎のアップリケ用の布はバイアスに裁つ。
・マチはミシンキルティングする。

● 出来上がり寸法　18×18×4cm

本体1枚(表布、キルト綿、裏打ち布各1枚)

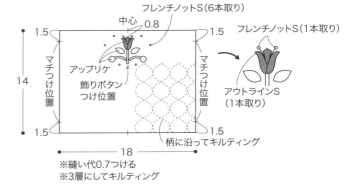

※縫い代0.7つける
※3層にしてキルティング

マチ2枚(表布、キルト綿、裏打ち布各2枚)　**タブ2枚**

※縫い代0.7つける
※3層にしてキルティング

1 本体とマチをそれぞれ3層にしてキルティング

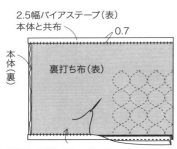

①3層にしてキルティングした本体の上下の縫い代を
バイアステープでくるんで始末する
②マチは裏打ち布と中表に合わせ、キルト綿に重ねて
口を縫い、表に返してミシンキルティング

2 本体とマチを縫う

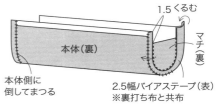

本体とマチを中表に合わせて縫い
縫い代をバイアステープでくるんで始末する

3 ファスナーをつける

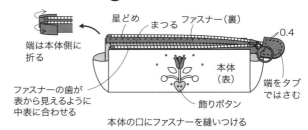

本体の口にファスナーを縫いつける

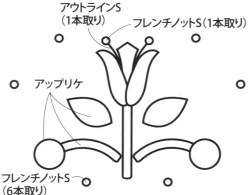
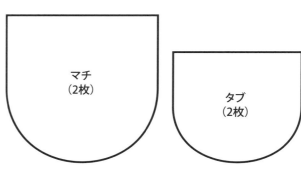

ペンケース（マグネットタイプ） P37

▶実物大型紙はとじ込み付録裏⑬

● 材料
- アップリケ用端切れ各種
- 本体用布、キルト綿、裏打ち布各 35×25cm
- 直径1cm縫い付けマグネットボタン1組
- ハート形飾りボタン1個
- 25番刺繍糸適宜

● 作り方のポイント
- 茎のアップリケ用の布はバイアスに裁つ。

● 出来上がり寸法　7×16×6cm

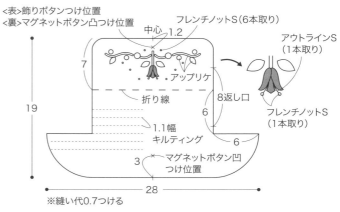

本体1枚(表布、キルト綿、裏打ち布各1枚)
※縫い代0.7つける

❶ 本体を作る

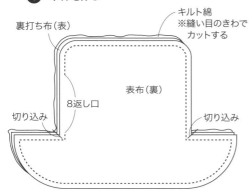

表布と裏打ち布を中表に合わせ、キルト綿に重ねて返し口を残して周囲を縫う

❷ 表に返してキルティング

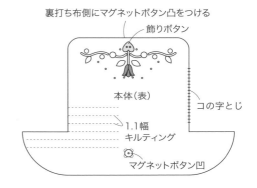

①表に返し、返し口をとじてキルティングする
②飾りボタン、マグネットボタンをそれぞれつける

❸ 脇を巻きかがる

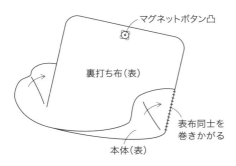

本体の脇を突き合わせ、表布同士を巻きかがる

花のミニタペストリー P41

▶A〜Eの実物大型紙はとじ込み付録裏⑭

●材料
(アップリケ)
・ピーシング、アップリケ用端切れ各種
・キルト綿、裏打ち布各35×25cm
・縁布用2.5cm幅バイアステープ115cm
・25番刺繍糸適宜
(ピーシング)
・ピーシング用端切れ各種
・キルト綿、裏打ち布各40×30cm
・縁布用2.5cm幅バイアステープ125cm

●出来上がり寸法
(アップリケ) 21×31cm
(ピーシング) 23×34cm

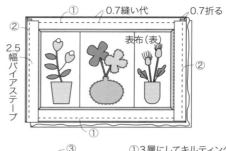

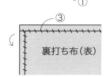

①3層にしてキルティングした
　表布の上下に縁布を重ねて縫う
　※左右は縫い代0.7cm折る
②左右に縁布を重ねて縫う
③縁布を折り返し、余分なキルト綿を
　カットして端を折り込んでまつる

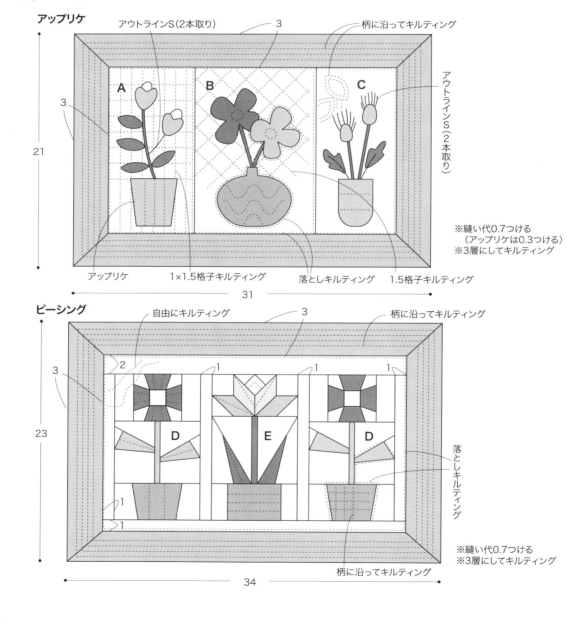

フラワーガーデンの
タペストリー　P40

●**材料**
（アップリケ）
・ピーシング、アップリケ用端切れ各種
・キルト綿、裏打ち布各60×60cm
・パイピング用4cm幅バイアス
　テープ235cm
・25番刺繍糸適宜

●**出来上がり寸法**　54.9×54.9cm

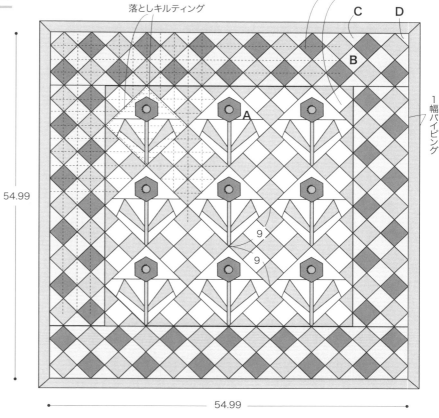

※縫い代0.7つける
　（アップリケは0.3つける）
※3層にしてキルティング

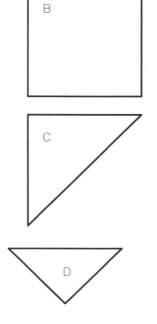

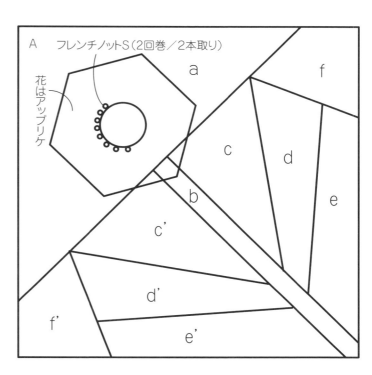

海辺のミニタペストリー P43

▶Aの実物大型紙はとじ込み付録裏⑮

●材料
(カニ)
・ピーシング、アップリケ用端切れ各種
・キルト綿、裏打ち布各30×20cm
・パイピング4cm幅バイアステープ90cm
・25番刺繍糸適宜
(魚)
・ピーシング用端切れ各種
・キルト綿、裏打ち布各30×20cm
・パイピング4cm幅バイアステープ95cm

●出来上がり寸法
(カニ) 13×24cm
(ピーシング) 16.5×23cm

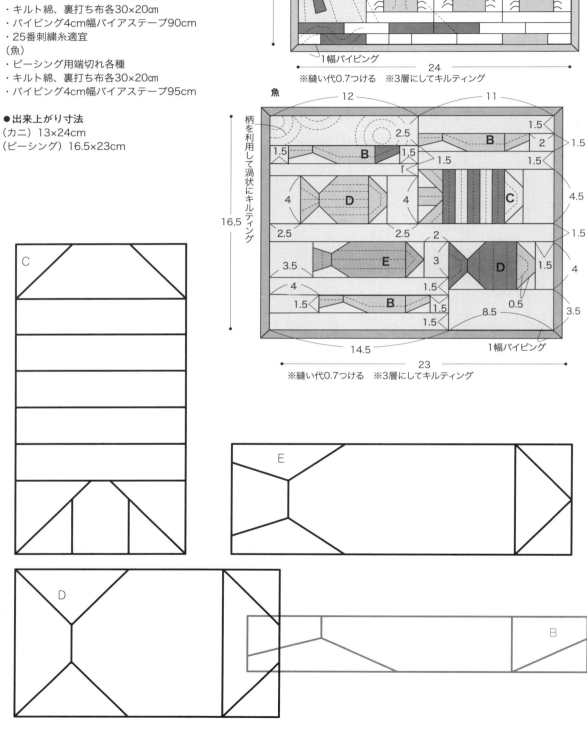

ヨットのタペストリー P42

▶A〜Cの実物大型紙はとじ込み付録裏⑯

● **材料**
・ピーシング用端切れ各種
・キルト綿、裏打ち布各60×45cm
・パイピング用4cm幅バイアステープ
　200cm

● 出来上がり寸法　39×54cm

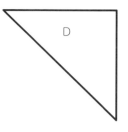

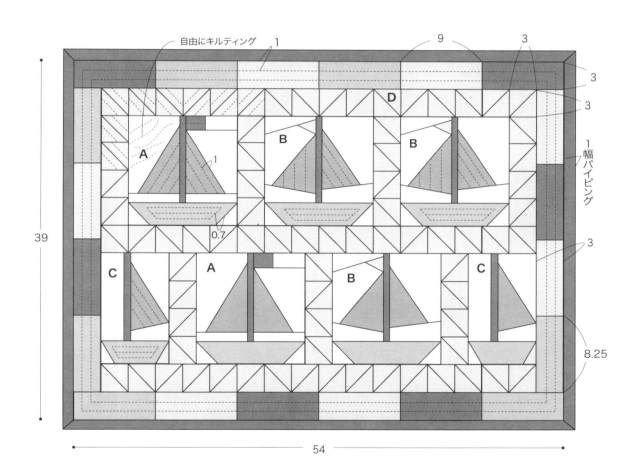

※縫い代0.7つける
※3層にしてキルティング

ハロウィンのミニ額　P45

▶A～Fの実物大型紙はとじ込み付録裏⑩

● 材料
（お化け）
・ピーシング端切れ各種
・キルト綿20×10cm
・縁布20×20cm
・25番刺繍糸適宜
（かぼちゃ）
・ピーシング用端切れ、アップリケ用
　フェルト各種
・キルト綿20×20cm
・縁布30×15cm

● 出来上がり寸法
（お化け）内寸9cm
（かぼちゃ）内寸7.5cm

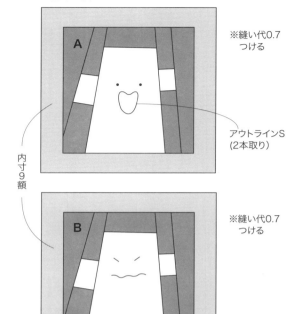

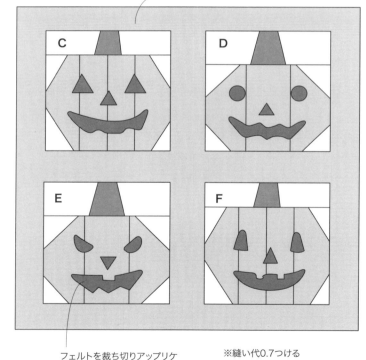

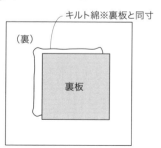

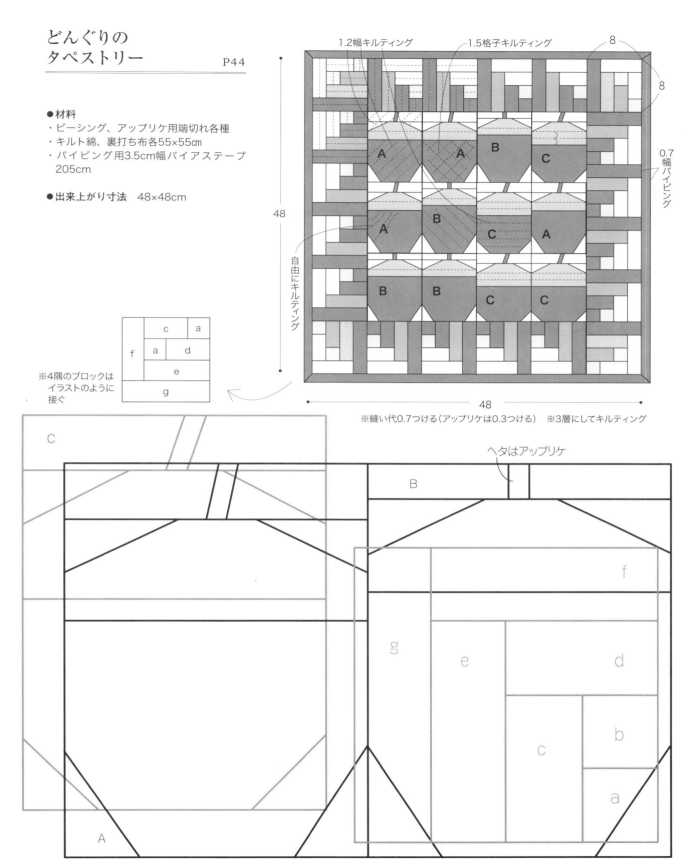

クリスマスのリース飾り P47

▶前、後ろの実物大型紙はとじ込み付録表 ⑮

● 材料
（スノーマン）
- 手、マフラー、アップリケ用端切れ各種
- 前、後ろ用布40×20cm
- スノーマン用布15×15cm
- キルト綿45×20cm
- プラスチック板20×20cm
- 直径0.1cmワックスコード20cm
- 25番刺繍糸、厚手接着芯、両面接着芯各適宜

（トナカイ）
- ピーシング、角用端切れ各種
- 後ろ用布20×20cm
- トナカイ用布（タブ分含む）15×10cm
- キルト綿45×20cm
- プラスチック板20×20cm
- 直径0.1cmワックスコード22cm
- 25番刺繍糸、接着芯、両面接着芯各適宜

● 出来上がり寸法　直径16cm

前、後ろ各1枚（表布2枚、キルト綿 厚手接着芯、プラスチック板各1枚）

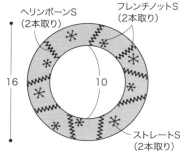

※前は縫い代2つけ、内側の穴は
　くり抜かずに裁つ
※後ろは縫い代0.7つける
※刺しゅうは前のみ
※キルト綿とプラスチック板は
　裁ち切り

前、後ろ各1枚（表布2枚、キルト綿 厚手接着芯、プラスチック板各1枚）

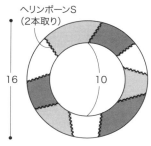

※前は縫い代2つける
※後ろは同寸の1枚布で、
　縫い代0.7つける
※刺しゅうは前のみ
※キルト綿とプラスチック板は
　裁ち切り

スノーマン手2本
（表布4枚、
厚手接着芯2枚）

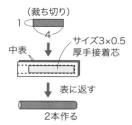

スノーマン2枚
（表布2枚、キルト綿1枚）

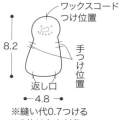

※縫い代0.7つける
※1枚は左右対称

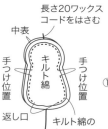

①2枚を中表に合わせ
キルト綿を重ね、
返し口と手つけ
位置を残して
周囲を縫う

スノーマン
マフラー1枚

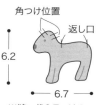

トナカイ角2本
（表布4枚、接着芯2枚）

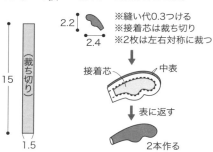

※縫い代0.3つける
※接着芯は裁ち切り
※2枚は左右対称に裁つ

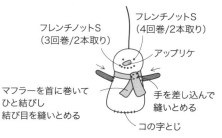

②表に返して返し口をとじる
③前側に目と口を刺しゅうし、鼻をアップリケする
④手を差し込み縫いとめる
⑤マフラーを首に巻き、縫いとめる

トナカイ2枚
（表布2枚、キルト綿1枚）

※縫い代0.7つける
※1枚は左右対称

①2枚を中表に合わせて
キルト綿を重ね、返し口と
角つけ位置を残して周囲を縫う

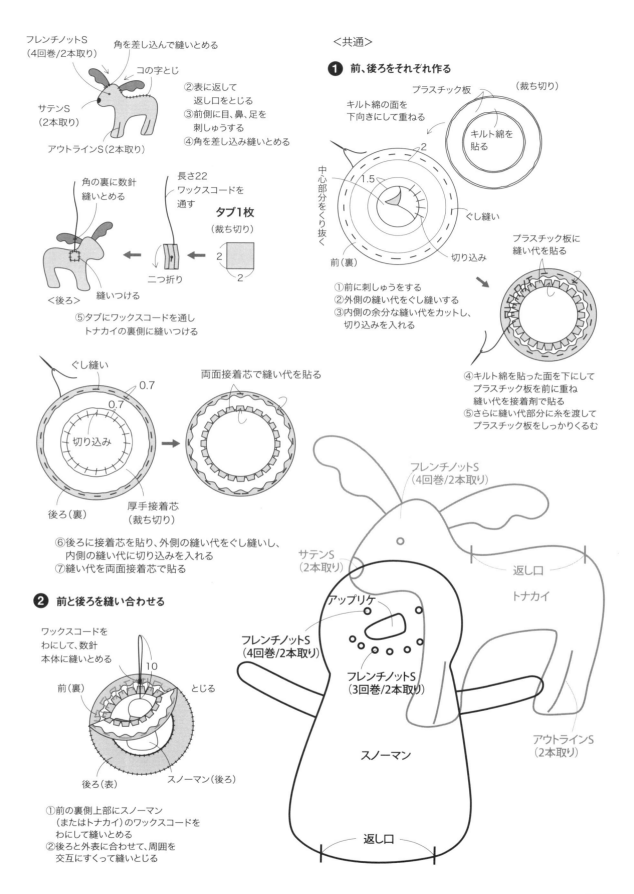

斉藤謠子＆キルトパーティ

パッチワークキルトの人気作家。「キルトパーティ」は、1986年に斉藤謠子が千葉の市川で始めたパッチワークキルト教室及びショップ。先染め布をはじめ、さまざまな布で表現した繊細な色合いと細部までていねいに作られた作品は、完成度の高さから注目を集め、毎年行われる教室の展示会には、大勢の来場者が訪れている。
http://www.quilt.co.jp/

撮影協力

ZARA HOME　TEL 03-3462-2133
〒150-0021　東京都渋谷区恵比寿西1-10-11　フジワラビル6F

　　クッションカバー（5,990円、P16）
　　ツリーキャンドル（2,990円、P47）
　　オーナメント（各990円※ブラウンは2個セット、P47）
　　ミルクピッチャー（1,990円、P35）
　　カップ＆ソーサー（1,690円、P35）

BROCANTE　TEL 03-3725-5584
〒152-0035　東京都目黒区自由が丘3-7-7

　　ショットグラス（2,400円、P7）
　　レース（5,400円、P32）
　　レース（5,400円、P37、P40）
　　クロス（21,800円、P16）
　　ガーランド（2,052円、P48）

Maison Orné de Feuilles　TEL 03-3499-0140
〒150-0002　東京都渋谷区渋谷2-3-3　青山Oビル1F

　　アンティーク糸巻（各800円＋税、P25）
　　すずらんピンクッション（3,800円＋税、P28）
　　すずらんニードルケース（6,200円＋税、P28）
　　すずらんシザーケース（5,500円＋税、P29）
　　ミニガラスペン（3,800円＋税）

AWABEES　TEL 03-5786-1600

斉藤謠子＆キルトパーティ
私たちが好きなキルト

2016年12月25日　　初版第1刷発行
2017年 3月 1日　　　第3刷発行

発行者：澤井聖一
発行所：株式会社エクスナレッジ
　　　　〒106-0032　東京都港区六本木 7-2-26

問合わせ先
〔編集〕TEL 03-3403-6796　FAX 03-3403-0582
　　　　info@xknowledge.co.jp
〔営業〕TEL 03-3403-1321　FAX 03-3403-1829

無断転載の禁止
本書の内容（本文、図表、イラスト等）を当社および著作権者の承認なしに無断で転載（翻訳、複写、データベースへの入力、インターネットへの掲載等）、本書を使用しての営利目的での制作（販売、展示、レンタル、講演会）を禁じます。